台湾这些年所知道的祖国

廖信忠 / 著

浙江人民出版社
ZHEJIANG PEOPLE'S PUBLISHING HOUSE

图书在版编目（CIP）数据

台湾这些年所知道的祖国 / 廖信忠著.— 杭州：浙江人民出版社,2014.4（2014.4重印）

ISBN 978-7-213-05890-5

Ⅰ.①台… Ⅱ.①廖… Ⅲ.①海峡两岸－关系－研究 ②台湾省－概况 Ⅳ.①D618②K925.8

中国版本图书馆CIP数据核字(2013)第288110号

书　　名	台湾这些年所知道的祖国
作　　者	廖信忠
出版发行	浙江人民出版社 杭州市体育场路347号
责任编辑	陈巧丽
责任校对	张谷年
印　　刷	北京博艺印刷包装有限公司
开　　本	700毫米×990毫米　1/16
印　　张	17
字　　数	197 千字
版　　次	2014 年 4 月第 1 版·第 2 次印刷
书　　号	ISBN 978-7-213-05890-5
定　　价	29.80元

目 录

引 子

台湾到底是怎么看大陆的 / 001

1944——

从“日本人”变成“中国人” / 007

1947——

这就是大陆的空气 / 017

祖国到底是什么样的国家 / 024

对共产党有了颠覆性的认识 / 030

1950——

参加朝鲜战争 / 043

战俘遣返台湾 / 049

1958——
金门炮战 / 055

1963——
服兵役，抽中海军陆战队 / 063
“反攻大陆”演习事故 / 071
私奔，创业 / 082
外岛“兵变”：几代人的集体回忆 / 091

1966——
“匪情研究”工作者 / 101
偷学简体字被老师打 / 109
原来这就是大陆 / 119

1978——
中美建交前夕，台湾移民潮 / 127
集体向美国特使专车丢鸡蛋 / 134
气球宣传单上的祖国风光 / 143
小学生哄抢传单事件 / 153

1987——
大陆探亲潮，她是我先生的媳妇儿 / 163
来一个大陆老娘 / 171

1988——

从金门到台湾 / 181

报禁开放 / 189

1989——

贴大字报的台湾学生 / 197

1990——

“中正庙”前的《国际歌》歌声 / 205

1996——

解放军举行大规模登陆军演 / 215

2003——

“非典”时在东莞 / 225

真的懂大陆吗 / 232

继续当台流 / 239

2011——

嫁个北京老公 / 247

金门之恋 / 256

引　子

台湾到底是怎么看大陆的

二十世纪九十年代初，台湾有一部电影《异域》，讲的是一九四九年后一支流落缅北的国民党军孤军的故事。电影里的主题曲用的是罗大佑早期的代表作《亚细亚的孤儿》，曲意似乎就在描述这群孤军爹不疼娘不爱，被丢在热带丛林中自生自灭的故事。

那时很多人觉得这部电影和这首歌真是绝配，以致后来很多人都将“亚细亚的孤儿”与泰北孤军画上等号。

直到长大一点，我读了一些作家的书，才知道这《亚细亚的孤儿》最早是台湾作家吴浊流在二十世纪四十年代中期写的一部长篇小说。不只是我，在那个“重新发现台湾”的时代潮流下，很多人赫然发现，台湾本土过去竟然也有这些“高尚的玩意”。

这个名列亚洲周刊“二十世纪中文小说一百强”第23名的作品，描写了台湾人在日本殖民统治以及二战期间的处境与身份认同。故事里的主人公胡太明是日据时代少有的知识分子，当他自认是“日本人”时，受到日本殖民者的歧视欺压；当他自认是中国人时，又被认为是受过日本人统治的台湾人而瞧不起，他的自我身份认同一步步走向错乱，经历各种挫折打击而导致悲剧性的结果。

到现在为止，《亚细亚的孤儿》都被认为是描述台湾人自身处境的最好作品，没有之一，到今日我们仍然可以从里面读到一些当代台湾人寻找自我认同的影子。

从我家坐公交车大约十分钟车程的阳明山半山腰，有很多大众温泉浴池，天气冷时去泡温泉简直就是一种销魂的享受，有一阵子，我天天在晚上九点多准时报到，跟一些“浴友”混得也挺熟。

这些“浴友”大多是上了年纪退休后，整天过着闲云野鹤生活的老头，一天结束，他们就到这里洗澡，在生烟袅袅中聊天瞎扯淡。说起来，这大众浴池也算是“交际场所”。

我在浴池里认识了一个不太正经的搞笑老头，已经八十好几，如果年轻人像他一样不正经通常会被骂“轻浮”，就是因为他老了，还能如此不正经搞笑，大家都觉得他有“赤子之心”，可爱有趣。

经常听他泡在那里讲些低俗下流的笑话，然后一群老头无厘头地哈哈大笑，尽管我常常也不争气地跟着呵呵呵笑了，但他给我的印象，仍然只是个讲话没营养兼没卫生，老不修的糟老头而已。

直到有一次，他突然有感而发用闽南语吟了一首诗：

> 君不见高堂明镜悲白发
> 朝如青丝暮成雪
> 人生得意须尽欢
> 莫使金樽空对月

妈呀！这不是李白的《将进酒》吗？我当时就震惊了，这糟老头不仅仅只会讲黄色笑话，竟然还如此风雅，会吟诗朗诵。

后来有次，老头拿了萨克斯管进来浴池，说跟朋友聚会刚结束。浴友见他拿着乐器一起起哄，他就在众浴友的起哄下演奏一曲。

那是个神奇又魔幻的夜晚，只见一身材足以警惕后人的老头赤裸裸，露着鸟，手持萨克斯管，在白烟缭绕的石砌浴室里现场吹起了邓丽君的《我只在乎你》。

那一刻，我彻底在风中凌乱，再暖的温泉水都融不了我瞬间冻结的心。

我跟这老头聊了起来，才知他传奇性的过去。

叫他昆伯好了，他说他家是台湾中部的望族，从小他的父母，就像大部分的父母一样，要他学很多才艺，不过跟现在稍微不同的是，他学的是汉文、书法、武术等。当时日本殖民统治时期，小孩不得不接受日本教育，而有些大户人家民族观念深重，会请以前的老秀才来家里教汉文；至于武术，也是请过去一些乡里团练的拳师来教。

昆伯的父母让他去日本读书，本来要他学医光宗耀祖，没想到叛逆的昆伯竟然跑去学音乐，学成后索性不回台湾了，坐船到了大连，在夜总会里当乐师。

在日本的时候，他不是“本岛人”，而是殖民地台湾人的身份，这多少会受到一些歧视。等他到了大连，以为这是中国的地方，应该会对他好一点吧！没想到当时大部分的大连人也跟台湾人一样，搞不清楚这些关系。

等到日本打败仗，昆伯的身份一下又从“日本人”变为战胜国的中国人，这次他心想，总算是扬眉吐气了吧！没料到，认识的很多中国人只把他当作“二鬼子”来同情，这让他很懊恼。

大约在一九四六年的时候，昆伯从大连到了上海，又在上海的舞厅找到一个乐师的工作。在上海，大部分人对他的身份倒不是那么在乎，那时候他觉得上海真是机会无穷的一个城市，只要好好干，肯定可以闯出个名堂。

“我就住在静安寺万国公墓的旁边，因为便宜，哈哈。”

一听到他这么讲，我就囧了，那是我天天都会经过的地方，现在都变成环境优美的公园了，每次坐在那儿喝茶，都不知道下面还有没有没被挖出来的……

总之，昆伯在公墓旁的弄堂，跟他同事一起合租了一间房。说起这同事，身材瘦弱，斯斯文文，一派书生样。昆伯记得这同事人老实，上班没太多出色表现，却也不会让人失望，爱看书，书架上满满的书，都是一些啥理论的，但他常常晚上不回来睡觉，不知道哪里去了。

这样的人跟开朗豪爽的昆伯怎么会混在一起呢？原来是有次昆伯下班后，见这位同事被小流氓包围，他自恃练过武，路见不平拔拳相助；没想到猛虎难敌众猴拳，只好拉着同事快溜，因为有这战斗友谊，从此这两人交情也特别好，无话不谈。

一九四九年初，共产党大举南下，局势越来越混沌不清，昆伯收到家人寄给他的一本书，打开一看，里面竟然有几片薄薄的金条，原来是家里要他快点回家，别留在大陆。

“他跟我说‘你真想要走的话现在就快走，不然来不及了’。”有天晚上，昆伯的同事对举棋不定的他说。

这时，同事跟他承认，他是个共产党，解放军就要打到上海，到时候想走都没机会了。

昆伯吓得差点屁滚尿流，他不敢相信那看起来弱不禁风的同事竟然是共产党员，在一夜长谈后，第二天就连滚带爬地想办法买到船票回到台湾。

“要是没有他，我的人生完全就改变了。”昆伯说，“我算是很幸运，那时很多台湾人真的就在大陆回不来，连死在哪里家人都不知道。”

闯荡大陆多年，昆伯是当年极少数去过大陆的台湾人，毕竟一九四五年以前台湾人很难到大陆，一九四九年之后又根本去不了大陆，这六十多年来，台湾跟大陆真正产生联系的也只有这短短四年。短短几年，根本还不够台湾人去认识。

我就问他了，那时候台湾人到底是怎么看大陆的，在从“日本人”变成“中国人”的过程中，有没有遇到什么身份认同的障碍，大陆人对台湾人又是什么态度、反应，杂七杂八聊了一堆问题。我也忘记他到底是怎么回答我的，只记得他要我有空时去找找“台籍老兵”的故事，说不定可以从这些故事中找到某个侧面的答案，他说“当年很多台湾人死在大陆回不来”就是这回事。

来到高雄的旗津岛，比起台北吹着北风阴冷的天气，高雄蓝天白云，阳光普照，海风和煦，只需穿单衣就可。

在岛上一角，有一个“战争与和平纪念公园”，就是纪念台籍老兵的主题公园，公园内有一主题馆，介绍台籍老兵的故事。

这里游人不多，甚至很多人不知道这里有间纪念馆，就跟很多台湾人压根儿不知道有“台籍老兵”这回事一样。在台湾，一般说到“老兵”，通常指的就是一九四九年时跟着国民党撤退到台湾的那些人。但是在那个年代，看似远离烽火的台湾，也有一大批年轻人参了军，被卷进这乱离的洪流当中。

主题馆的外墙有一幅石刻画，画上有三人，分别身穿日本军、国民党军、解放军制服。

看了馆内的介绍，再看看这幅画，越想越觉得这些台籍老兵的故事真是具有传奇性，只是，所谓的“传奇性”“波澜壮阔”，通常都是荒谬时代下的一个小缩影而已，悲哀与壮阔常是一体两面，越荒谬，就越传奇。

我现在还无法很清楚地回答那所谓“台湾人自我认同”的问题，只好试着用“台籍老兵”这个题材，用几个人当原型，试着把他们几句话带过、看似云淡风轻的回忆丰润成为一简单的故事，当作这本书的开头吧!

1944—

从“日本人”变成“中国人”

林水源忘不了那一天，那一天是一切的起点。

那是哪一年？一九四四年吧！确切是哪一天忘记了，在家乡的车站前广场，挤满了人，热闹得很，乡里的年轻人要出征啦！

扩音器传来帝国军乐，彩带随风飞扬，上面写着“沐浴圣恩”“武运长久”“灭私奉公”。台上，几位穿着西洋礼服的地方士绅与警长交头接耳，神情愉悦。

“皇恩浩荡，志愿军属挺身，与皇军一同上场杀敌，这是本乡青年、皇国青年无比的光荣，本岛青年应立志七生报国，为大东亚圣战而献身，以报陛下圣恩……”

那地方士绅用着纯正的关东口音，口沫横飞，激昂地勉励出征青年，穿着官服的警长在旁微笑，不时点头。

“打倒鬼畜米英！”

“建立大东亚新秩序！”

忘了警长跟着上台也说了些什么，只记得他最后抱拳带着全场一起喊口号，现场气氛燃到最高点。

出征青年身着卡其服，披着红缎带，人人手里一面日本国旗，又是喊万岁又是唱军歌，在亲属的陪同下上了火车。

林水源心里激动，一半是被送行会的高昂气氛所感染，一半是紧张，台上的人说得那么冠冕堂皇，什么“为天皇陛下而死就是皇国精神”，听了一百次一千次，心里不受到影响的大概很少吧，都变成理所当然的了。

说是“自愿”，也不尽然，说是抽调比较准确，每个村每个乡都要抽调一定比例的青年参战，所以不是每个人都那么想当兵。这两年舆论一直在鼓吹台湾人志愿兵，说朝鲜在事变之前就有志愿兵制度，怎么比朝鲜早那么久进入帝国版图的台湾还落后呢？这简直是台湾人的耻辱，所以要推行“皇民”化运动，以后全岛青年就能加入“皇军”为国献身……

大部分参战的台湾青年也只能当“志愿兵”而已，还不能当“皇军”，就算这两年在南洋战场战功无数、大出风头的高砂义勇队，终究也只是“挺身队”志愿兵而已，都算不上“皇军”。

但战争是建立战功的好机会，本岛青年只要在战场上加倍杀敌，就能在内地人（日本本土人）面前扬眉吐气，表示台湾人不比本土人差，这种雄心壮志想想都好吸引人。

每天都听到好多新闻：“皇军”转战支那南北，在珍珠湾、马来海、新加坡，势如破竹，心情都随之振奋；可是有时候也会有报道：某某支队全员“玉碎”，战到最后一卒，为“圣战”献身。

毕竟战争啊！是会死人的，命在一瞬间就没了，想起来多可怕。

现场青年，有些情绪高昂，有些却低沉得快要哭出来似的；林水源心中五味杂陈，忐忑不安。

阿母看到了，跟他说：“只要人平安就好，遇到危险就快跑，不要撑。”

这倒是真的，可是听起来就是有些心虚，战场上哪里没有危险呢？

这一梯次的台湾兵统一在新竹湖口受军事训练，从立正、行进一直到射击课程，再到密林战、山头战、挺身冲锋等，三个月训练成掌握基础枪兵技能的步兵，然后南下高雄，坐船到南洋前线。

南部充足的阳光，尤其出海后温暖的海风，让这群没见过世面的台湾兵开朗不少。

船上的新兵不仅仅有台湾汉族人，也有高砂人，还有台生日本人，都是要赴南洋打仗的年轻新兵，很快大伙就打成一片，与其说同仇敌忾让他们紧密团结在一起，不如说大伙对于未来同样紧张不安，窝在一起能让不安感减缓些。

运输船与护卫舰乘风破浪一路往南，一开始还有护卫机队，战机低空从船旁边掠过，摇摇双翼，引来船上人一阵大声欢呼。

“仰望太阳旗，破浪向南行；决死赴南洋，含笑赴死报皇恩……”新兵高昂的军歌声响彻海上，用高歌来驱走心中的不安。

船队的目的地是菲律宾南部的大岛民答那峨，进入菲律宾海域后，气氛一下紧张起来，船队白天靠在岸边，晚上才摸黑行驶。

不知道第几个晚上，突然警铃大作，甲板上传来“嗵嗵嗵嗵”紧张的跑步声，新兵们都被吵醒了。

只见地平线月色那端几个小黑点，还在想那是不是友机，黑点却急速迫近，原来是敌方战机！

战机开始扫射，发出雷鸣的吼叫、巨响，在海面上激起阵阵水花，机枪喷出的子弹离船身越来越近，几个新兵反应不及，瞬间整个身躯被子弹撕碎，甲板一片血肉狼藉，战机从头上呼啸而过。

林水源和所有新兵吓得魂飞魄散，他手紧压钢盔，勉强地抬起头看，又见远方分不清海或黑夜处，几盏亮点明灭了起来。

“炮击！趴下！”

十几秒过去，天上传来“咻”声，由远而近掠来，竟然压过了嘈杂的轮机声。还不待林水源想那么多，舰炮掉落在离船边不远的海面上，炸出高高的水柱，船身随水面震波剧烈摇晃，林水源没抓稳，跌撞在楼梯上，水花溅满了全身。

炮火越来越接近，船队只能采用S形前进，终于有一炮落在邻舰甲板，火光冲天，半晌，又引发了更大的爆炸，失去了动力的船，只能成为固定靶任炮火宰割。

在如雨落下的炮弹中左闪右躲，但运气用完了，再一个全速大转弯后，船舷一侧发生大爆炸；逃过了炮火，终究逃不过水里来的鱼雷。

船开始倾斜，有人紧紧抓住一切可抓住之物，也有人开始往水里跳，浮在水上的人感觉有东西从水里急速游过，原来是第二颗、第三颗鱼雷，直扑向半残的运输船，给它最后的致命一击。

震耳欲聋的爆炸声后，林水源与侥幸逃出的新兵，如同蝼蚁载沉载浮，运输船只剩半截“插”在黑夜的海上，很快就沉没了，回头这一幕，好像默片。

还好菲律宾海域一带岛屿密布，拼命泅水，体力还足以游到岸边，残存的新兵被岛上的守备队救起，后来林水源才知道，一船七百多人，只有一百多人活下来。

那一夜对初上战场的新兵来说，简直是可怕，把雄心壮志都磨掉了一半。“逃？是要怎么逃啦？”想起阿母的话，心有余悸的林水源，只能苦笑。

刚出阵就挨打，有人问，怎么只有挨打的份，长官鼓励着大家，帝国海军已经准备好秘密兵器藏在某处，准备一举逆转胜，给敌人致命一击，听到这里，大家信心也增加不少。

林水源被编入“斩进队”，随军逆登陆摩罗泰岛。

四百人的队伍，分乘动力小艇，载着各样补给品出发。四百人？说是要增援岛上的游击队，一举摧毁岛上机场，林水源心想，已经落到要打游击了，恐怕战事也不乐观。

登陆前的紧张气氛让他不敢乱想，全神贯注地望着前方，这小艇大多是征用来的小渔船，根本没有武装，每个人心里都知道这点，当偷偷穿过美军海上警戒网时，都在祈祷着不要被发现。

接近预定海岸，长官拿出手电筒往岸上画几个圈，明灭了几次，岸上也有光源明灭回应。

小艇马达全开冲向岸边，待一定距离，艇上士兵纷纷跳进及腰深的海水里涉水全力前进，迅速地上岸潜入密林黑暗中。这次逆登陆很成功，神不知鬼不觉，老天保佑。

摩罗泰岛北边的岸本部队残存两百多人，自从美国以优势兵力登陆，加上轮番轰炸后，只能四处转进，挺身突击骚扰美军。

听岸本游击长官说，自从这机场建成后，美国飞机就可以直飞吕宋雷伊泰，整个南洋都在美军制空权之下，务必攻下摩罗泰岛机场，以掩护后方岛屿。

以游击队标准来说，他们的夜袭真是战果辉煌，这都有赖队上的高砂兵，林水源以前以为他们只是山里跑来跑去的番而已，没想到这些高砂兵天生好像就有种第六感，在无言与漆黑的丛林中带着游击队神出鬼没，偷袭美军，给美军造成非常大的精神压力。

这夜夜出击，看似战果辉煌，但就连二等兵都不是的林水源也看出一个问题，就算杀死几个敌兵，也是于事无补，美军的补给根本是源源不绝的，你烧了杀了他们多少，他们马上就补多少，反而是己方，资源损耗日益增大，却没有补给。

夜晚是游击队的天下，白天则是美军大显火力的舞台。

在白天，游击队分成小股的部队分散各处。在这里，警觉是保命的唯一方法，从浓密的树缝中，常会见到飞机超低空飞过，林水源慢慢会辨认，什么声音是康苏里，什么是p38或是洛克希德。不管是什么机型，飞机常常比声音先到，要是没藏好，紧接着不久，就是连番的火炮轰炸。

游击队在各处挖了“章鱼壶”，一遇到轰炸可就地掩蔽，那些火炮轰炸，震得让人眩晕，仿佛要把地翻个好几层，大地一波波地震撼。

火炮轰炸时没人敢动，每波都让人觉得死定了逃不掉了，只能消极地死死地躲在坑里，吸着火药浓烟，差点就要窒息，等到告一段落，大地无声，才有人走出来，仿佛隔世。

地面到处是窟窿，树木被炸得七横八竖，炸出一片空地，只有几棵残枝还冒着烟，鹤立鸡群地杵在那儿。

每次一轰炸，就少了一个能躲的据点，处理完伤亡，又该转移了，例行公事。

有时候在路上会遇到美军巡逻队，通常我方会先发现对方并发动攻击。林水源不懂，为什么长官很固执，总要主动攻击。

一开始，拔刀挺身突击还能杀个美军措手不及，可是每次都用同样的战术，美军也有感应，还没有冲到美军面前斩到美军，就被猛烈的机枪弹幕给撂倒。

己方人员更少了，游击战术的效果就像丛林的小飞虫一样，飞来飞去骚扰让人讨厌，但随时会被一巴掌拍死。

美军用各种优势兵器，坦克、喷火器，还有火炮轰炸，都让游击队耗损越来越快，根据地快速变少，成天都在转进。

才短短几个月，补给已经断绝，他们成为残兵，孤立在岛上，每个人都衣衫褴褛，蓬头垢面，饿着肚子在死撑，幸亏高砂兵对野外捕猎有一套，还能找到能吃的草啊根的，偶尔还会抓到一些小野兽。

台湾人在战场上的身份本来只是帮忙运补杂务的二线“志愿兵”，连串的战斗下来，没有功劳也有苦劳，实战经验累积了不少，很多人都直接被升为二等兵，甚至有升为军曹者。

在军队里最低阶的二等兵，却是个象征，表明本岛人身份跟日本本土人一样平等了。

林水源被升为二等兵，他心想，这艰苦的战场倒是个公平的地方，在台湾，时常受到日本警察的欺负歧视，在日本人面前总是矮人一截，可是在这里，只要是兵，不管是日本本土人还是本岛人，做的事都一样，就算是日本本土人二等兵，一样要服从本岛一等兵，现在大家一样饿着肚子没东西吃，受的苦都一样，一样随时面临死亡，不分本土还是本岛，在这个地方一样平等。

此时最大的敌人还不是美国人，而是各种丛林疾病。

没有药，管它是天狗热、赤痢，还是什么鬼热病都一样，林水源也不知道得了哪一种，身体一下发冷一下发热，肚子还胀得好大。

同样情况也发生在很多人身上，走起路来目光呆滞，嘴巴张得老大像游魂，走着走着身旁有人慢慢落队，落了一步、两步、三步……他们就永远跟不上队伍了。

林水源拖着身子硬撑着走下去，偶尔会神志不清，醒来又发现走了好远。他想到阿母：“阿母，我这次逃不了了，没力气逃了，歹势，没听你的话，你会知道我死在这个小岛吗？”“阿爸虽然很凶，可惜我一直没机会孝顺他……”

不知道绊到什么，林水源也没力量反应去保持平衡了，就这样，重重地扑在这南洋的某个密林中，他意识慢慢模糊：“孩儿不孝，看样子魂魄也飞不回去了。”

等到林水源睁开眼睛，扭了扭手，动了动脚，才确定自己没死，捡回了一条命。

这种环境不可能是我军的地方，那肯定是美国人的地方。

一想到美国人会做的那些事，挖开俘虏的肚子，挖出眼睛做药，割卵葩，做奴隶，林水源真正感到恐惧了，在丛林里面对随时袭来的炮火和饥饿疾病尚且不怕，一想到接下来的酷刑他却紧张恐惧得作恶，为什么天公伯要让他活下来，难道虐待他虐得还不够吗？

他躺在床上惶惶不安，见到粗壮的黑人走过就像庙里地狱图里的那些怒鬼，白人穿着白衣，又像索命的白无常。

意外的是，鬼畜米英对他异常客气，有个黄皮肤黑头发的过来跟他沟通，后来林水源才知道他是日裔美国人，负责翻译，他惊讶得不能接受，皇国子民理应世代效忠天皇，竟然在敌人阵营服务。

让林水源沮丧的还不只这事，待身体更好点，他穿着宽大不合身的美军卡其服在规定地区走动，他第一次在白天看到他们久攻不下的机场，轰炸机、战斗机成排成排地停放，起起落落，没有一刻消停，他心里难过，每飞走一架，就不知有多少己方弟兄死去。

他又见到机场一侧库房，物资多到库房都塞不下，还在旁边空地堆得跟山一样，这一幕对他真的是打击，努力了那么久，牺牲那么多人，抱着必死决心付出那么大代价，对敌人却是不痛不痒，只能挨打的仗还算仗吗？

“就算马来之虎亲征，军神复活也打不赢的。”他欲哭无泪。

林水源已有会战败的思想准备，不久，天皇的“玉音”终于传到了他们的收容所，旁边敌兵，唉！是美军，他们的欢呼声响彻云霄。林水源一阵怅然、失落，失意涌上了心头。

旁边一个同样被俘的日兵拍拍他的肩，说：“唉！总算是活下来了，这最重要，对吧！”

换上崭新整齐的军服、军帽、军靴，只不过身上的阶级章，代表武运的一切象征都被取下，与其说是军服，不如说是制服。林水源与几个日本战俘换上了这套制服，带着传单分成几股向密林走去，向密林中喊话，张贴传单。

“战争结束了，弟兄们辛苦了！”

“可以回家了，有热腾腾的白米饭！”

“我们已经坚持到了最后，陛下感谢诸君的努力！”

他们完全没带武器，心里害怕哪里来的冷枪，被当成叛徒给杀掉，战争都结束了才死掉那才叫作冤。

走向更深的密林中，感受到有奇异的视线从四面八方而来盯着他们，矮树丛晃动，开始有人从深处，像幽魂一样摇摇晃晃地走了出来，一个个像骷髅般蓬头垢面、衣衫残破的人走到面前打量着他们。

“战争真的结束了吗？我们战败了吗？”

“你们真的是友军吗？”

林水源心想这就是他几个月前的写照，这些友军撑得比他久，吃了比他更多的苦，想必他们已经收到空投的传单与地图了，想要的只是一个理由而已，他有些心虚而耐心地回答这些投降日兵的问题，就这样，每次都带几个残兵回来。

战俘们被移送到民答那峨的收容所，收容方式重新分配，分为中国人与日本人，以便未来遣返。

听到这种分配方式，林水源心里有些不是滋味，他倒是稍微清楚那些历史原因，因为日本战败，以后台湾和满洲就要还给中国，大家都是中国人了，只是从小就被教育日本是神国皇国，亚洲一等，最强大的，而中国一向被说成是最低下的，怎么一下就从日本人变中国人了。

有几个高砂兵冲出来大表不满，其中有个是军曹，林水源认出那是高砂义勇队有名的山下军曹，传说他战功彪炳杀敌无数，山下军曹直说自己是日本人，不是中国人，差点要跟守卫起冲突，直到枪管对着他们，他们才像斗败的鸡，沮丧无力地回座。

1947—

这就是大陆的空气

回台湾了，搭着运输船乘风破浪北上，像林水源这种匆匆被赶上战场第一线的兵才第一次有机会好好欣赏这“南洋风光”。

在摩罗泰岛最后统计，还有几十个人没找到，他们是遁入原始森林的更深处做持久抗战了。

这海域的岛屿星罗棋布，有大有小。在甲板上吹着海风，享受好天气，但船每驶过比较大的岛，林水源总是在想，恐怕这些岛上还有人没出来。

在南洋几年，回台湾时台湾已经改用民国纪年。一九四七年，什么也不会的林水源在乡里五金行找到一份伙计兼外务的工作。

他在南洋战俘收容所里见识到一夕成为战胜国或战败国人民的现实，深知改朝换代，学国语以后才有出路，一边工作一边勤练国语。

听说前不久，从台北开始有骚乱一路往南蔓延，也在他们家附近打了起来。

“你不知哦，这些阿山实在太坏了，尤其那些兵仔，社会被他们搞到乱七八糟，狗去猪来，台湾可怜哦！”好多人都这样跟他讲。

在林水源不在台湾的日子，改朝换代，本来满心期待的祖国，因为接收人员素行不良，在短时间内引起了民众反感，终于，一次查缉私烟的小摩擦，成为暴动的导火线。

许多人决定揭竿起义，一些当过日本兵的民众和山地人在各处与“国军”火拼，而许多地痞流氓也趁乱打劫，社会上一片紧张。

“啊，国民政府也不反省反省自己哪里做错了，就从大陆派了军队，从基隆上岸一路就杀到高雄，杀红了眼，先杀再说，死了很多人哪！”

“隔壁那个，阿土伯你知道，说要去帮忙调停谈判，结果呢，没过两天尸体被丢在车站喷水池哪，夭寿哦！”

“后来，后来就开始抓人啊！还好你回来得晚，当过日本仔兵的好多都被抓去问了，好多都回不来了。”父亲两手一摊，不愿意再说下去。

林水源也看过几次“国军”，军容涣散，军纪也败坏，那模样简直就跟以前的浪人流氓没什么两样，没教养就算了，还没文化，令人啼笑皆非。

“我同行真衰，这些草地仔没看过水龙头，以为装在墙壁上水就自动流出来了，拿回去发现没水流出来，就把他揍了一顿，哈哈哈，唉！”他听老板说。

他怀疑这种军队是怎么打赢日本的。他心里找出一个解释：大概就是因为像流氓，打起仗来比较有野性，战力才强吧！

时局乱，五金行生意也不好，东西又常常被“合法抢劫”征收去，老板一直在做亏本买卖，只好把林水源给辞退。

少了一个能赚钱的人，家计马上受影响，又没什么谋生技能，找工作到处碰壁，想到以后还要成家立业，愁呀！

有一天，乡长带了一位客人上门拜访，乡长大人亲自光临全家都不敢怠慢，他们是来找林水源的。

“真是青年才俊，怎么就待在家呢？年轻人志在四方，就是要到外面闯一闯立大功建大业。”随行先生操着标准的国语对林水源说。

“台湾同胞以前在日本统治之下过着水深火热奴隶般的日子，现在祖国的军队八年抗战获得了辉煌的胜利，解救台湾同胞回到温暖的祖国怀抱中，为了回报祖国伟大恩情，现在我们需要台湾的优秀青年一起来重建祖国……”

国语先生自己说得如痴如醉，林水源一家还不知道他到底想干吗呢！

“年轻人要立志一同建设三民主义新中国，加入祖国的军队，这就是爱国的表现啦！”

“当兵！别开玩笑了。”林水源暗道。差点要把他们轰出去，碍于乡长面子，没有马上爆发。

“林先生，林君，你也知道现在政府对你们这些原日本兵看得紧，人家一听说南洋回来的，很难找工作对不对，大家都不愿意自找麻烦嘛！你也不要想是去当兵，那就是在军队里服务两三年而已，服务而已又没有什么危险，你想想，可以免费学国语，大陆还有很多名胜古迹可以到处去看，而且每个月的薪水还有……”

国语先生伸出三根指头。

“三百？”林水源想，当兵薪水比想象中的高。

“不，是三千！”国语先生仿佛在公布什么大秘密一样兴奋神秘地说。

“三千？”

“对对，退伍之后还安排你到政府机关里当差呢！以后乡长说不定都要听你的话了，哈哈哈。”国语先生转头对乡长笑了笑，乡长也虚应干笑了几声。

“三千”这数字太吸引人了，是一般工作的十倍啊！只要待个两三年，赚得饱饱的，就可以自己做生意赚大钱娶妻生子了。

林水源第二次从家乡火车站出发当兵，在台中大肚山边受入伍训。

入伍训对比南洋残酷的战场简直就是天堂，部队里的台湾兵很多都是第一次当兵，跟他一样当过日本兵的也不少，问他们为什么要当兵，大家都说“三千”。

薪水真的是三千，只不过是在入伍半年后，到了大陆才一次发放，只不过是三千大陆“法币”，不是台币，只能买三十个馒头而已，跟废纸没两样。

待知道自己不是要去“建设三民主义新中国”，而是要去打仗，且薪水只有“三千法币”这个事实时，一切都太晚了，就跟上了贼船一样，绝望的反抗是无效的，这些被骗到大陆的台湾年轻人万念俱灰，只能走一步算一步。

说起来一切都是有征兆的，在台湾时，军队就派大陆兵把这些台湾兵的营舍看得死死的，荷枪实弹向内看管，这哪算在保护同袍保护营舍，根本就是在防止人逃跑。林水源那时想，以前美国人管理战俘收容所都没有这么严，中国人还怕自己中国人成这个样子。

再次从高雄上船，临上船，长官要台湾兵把枪上的枪机与刺刀取下来放在包里，说是防止走火。等靠岸在大陆，又要台湾兵把枪机与刺刀装上，并且反过来要台湾兵看管大陆兵。

原来不是所有大陆兵都是自愿当兵的，有些人根本是莫名其妙就被抓来充军，林水源的邻兵，邱贵，自己都说不清楚是何地人氏，就是那么多倒霉蛋中的一个。

“我本来在种田，蹲在田边大便，还没拉完就被路过的部队抓来当兵了。”邱贵用很不标准的国语努力地说。

“你家人知道吗？”林水源问。

说着说着，这还没满十八的年轻大陆兵，就哭了出来。

林水源想起在家苦苦等他寄三千块回去的父母，又让他们失望了，不应该那么冲动的，一想到这儿，他也跟着悲伤起来。

“哭什么，浑身娘骚味！你们还享半辈子太平，老子打从娘胎里就在枪声中长大。”一大陆老士官大声训斥他们。

“尤其你们这些台湾人，当亡国奴好日子过惯不知疾苦。”

“亡国奴！这多熟悉啊！以前日本警察一生气就骂我们‘清国奴’，现在台湾回到祖国怀抱，台湾人又变成‘亡国奴’。”林水源想着。

他恨自己太笨上了这种当，恨这支鱼肉乡民的军队，也开始恨这个用欺骗手段的政府，不知道有多少人多少家庭被这种手段所拆散，不管是用骗还是强迫，手段真是恶劣、下流、肮脏，还口口声声建设三民主义新中国，能回家困三暝较实在啦！

可怜啊！做日本兵出征好歹还有家属来热闹地欢送，做中国兵变得要偷偷摸摸，家人还不知道你到哪里去了，一句“再见”都无法说。

从高雄上船出发时天气还算温暖，待在上海靠岸时，舱门打开的一刹那，一股急速冷空气蹿入舱内。

“奸你娘，这啥？”

叫骂声此起彼落，不绝于耳，或者应该说，是不可置信地惊叹。

天是灰蒙蒙的，厚厚的白雪覆盖了这座城市的天际线。

林水源倒抽一口气，空气冰冷中充满了厚重感。

“这就是大陆的空气！”

还不等他们这些台湾兵惊讶够，整队人马就被赶鸭子似的赶上了码头的一列货车，一节货车厢塞满了兵，换下一节车厢，直到整车塞满人为止。待全部上车，车就缓缓开动，离开上海。

“来来！输了吧！我说得没错，是上海吧！乖乖把烟交出来。”

几个外省老兵在打赌，他们上船之初就在打赌船会开到哪儿。有人说广州，有人说青岛，有人说上海，有人说葫芦岛，答案揭晓是上海。

“唉……都说上海女人嗲，嗲得让你骨头都要酥掉，又说上海女人时髦，看起来养眼，好不容易到上海，一下船什么都没看到，好几天了，看来看去都是臭烘烘的汉子，当兵那么多年走南闯北，好歹也该领略一下各地女人的风味，结果呢，各地娘们没有领略到，各地男人的臭味倒是闻了不少。”一老兵大发牢骚。

车厢里一阵大笑声，林水源也大笑。

“二鬼子皇民懂个屌！”这大陆老兵瞪了林水源一眼，不屑地骂了他一句。

林水源听了怒火上冲，站起来就要冲过去揍老兵。

“奸你祖妈！你爸在南洋也是枪林弹雨出生入死过来的，杀人不会比你少，相不相信你爸现在一刀捅死你！”

众兵一阵起哄，另一台籍兵拉住林水源，是同样也曾去过南洋战场的机枪兵张李旺，他眼神示意林水源不要冲动。

“很会斗是吧！别遇上土八路个个都变孬种跪地求饶，别他妈的在这儿内斗，有种就去多杀几打土八路。”士官长破口大骂，大伙觉得无趣，遂安静下来。

“你说这火车要坐到哪儿？”林水源问另一老兵。

“我看……嗯……照目前情势，应该是苏北鲁南，徐州一带吧！”这身经百战的老兵说。

“徐州，为什么是徐州？”

“这你们就不懂了吧！徐州自古以来就是兵家必争之地，控制了徐州，往南往北往西的路都打通了，徐州这个地方造孽啊！战火从来没有停止过。”

火车经过南京，他听人家说这是祖国的首都，林水源对南京的唯一印象是从那狭小的透气窗看到的。

感觉车子停下，又碰碰撞撞，接着好像在水面起伏摇晃，他没猜错，车厢的确在水面上。

“啊！出海啦？”

他看车厢被分为一节节，由船载着航行。

旁边的大陆老兵笑他，笑他竟然不知道长江，这是长江的南京段。

原来这就是祖国的第一大河流长江，波涛汹涌就跟海一样，这气势太吓人，江面雾气浓，见不到两岸，就像在海中航行。

长江完全超出这些台湾兵对所谓河流的理解范围，他们抢着透气窗往外看。

但更大的惊奇与震撼还在后面，这些大陆老兵仿佛等着看好戏笑话般。

过了长江，车厢重新上铁轨连接，继续冒着风雪往北，车厢外头是一片白色的世界，从这里到地平线，望不到边的那头，所有能看到的全部都是白的，这对南方兵，尤其是台湾兵来说简直是太神奇太梦幻了。看地图，大陆的地是那么大，这片土地上到底充满了多少惊奇？来自各省的兵东一句西一句讲述家乡如何如何，每个人描述的风土人情都非常不同，也没有人敢说他能代表整个大陆。

“祖国真是太伟大了。”台湾兵的兴奋稍微驱赶了不安。

祖国到底是什么样的国家

这群兵在徐州一带下车，重新建制，换了冬季装备，一路急行军往鲁南前进，兴奋归兴奋，前面等着他们的是关乎生死存亡的战争。

听老兵说，鲁南是共军的老巢之一，拿下鲁南就是给他们心理上先来一记痛击。

林水源编入的国民政府军第七十师，一万多人进入鲁南腹地，各连队都传来遭遇了共军伏击的消息。

行军路上，常常会遇到共军的小撮部队，他们不知从哪里杀出来，连番袭击，但“国军”火力较有优势，马上可以给予迎头痛击，冲散共军。

几次遭遇战下来，共军依然被打了就跑，可是强度一次却比一次强。

“有没有感觉很熟悉？”林水源跟机枪兵张李旺讲起这事。

“没错，这是标准的游击战打法。”张李旺点点头。

“你看不可能是随便打打的吧！”

一大陆老兵徐永顺听到他们谈话，也凑过来，说：“有点作战经验的都知道那只是一小股，不是敌主力，目的是拖慢行军速度，你看这短短一段路，走了多久，一个月，一个月啊。哥哥，就那么简单，战场上怎么可能有没目的的事。”

听说这徐永顺久经沙场，从抗战一直打到现在，照他的话讲，“身上枪子打的洞比你孙子钻过的女人洞还多”。就算连上的军官干部有时候都要敬他个三分，他的分析自然有些分量。

“你看那傻样指导员，还兴高采烈地宣扬战迹，是真不知道还是假不知道，如果真不知道，那脑袋真不知是怎么干上指导员的。”三人哈哈大笑。

“《孙子兵法》那句话怎么说来着？所有的会战都是为了最后决战，反正就是这样，狗日的上战场就自求多福。”

林水源的连队驻守在徐州以北沛县微山湖旁的一个小村子，任务就是守住这个地方。

接下来的几个月，共军不时零星小股地骚扰，趁着晚上来放个几枪。这战场小日子过得还算安逸，只要定时站站哨，出去巡逻，大部分时间都在构工，围着这村子四周构起了防御工事。

指导员一直说我方又在哪里哪里取得决定性胜利，这样倒好了，那就轮不到我们上场，平平安安地回家去。

“安静？怕就怕共军正在集结准备大规模攻势啊！你看这构工强度，根本就是要准备打阵地战，那就是只能守不能攻，他妈的上面又要说与阵地共存亡了。”徐永顺又分析了一下，然后作个嘘声状，“小声说小声说，不要说我说的。”

运补的辎重车很久没来了，当然这就只有一种可能，运补路线被切断，部队与部队间的联系慢慢被分割，然后各个击破。

伙食分配得越来越少，肚子经常是咕噜咕噜叫，林水源经常去村子里要点食物。一次两次，村民还会给一些，次数一多，村民也不太肯给了，于是，最后变成荷枪实弹地抢夺。

“大人啊！刚才才有一对官爷来要过，怎么又来要了呢？”在村子仅有的几户人家，村民哀求着。

“他妈的，被抢先了一步。”原来别的班先来过了。

“你们一定还有藏着，给我搜。”

班长一声令下，兵闯进屋里翻箱倒柜，因为饥饿火气也特别大，砸东砸西，弄得乒乒乓乓，屋里几个小孩吓得缩成一团。

“大人啊！求求你给我们留口饭吃吧！真的都没吃的了，我们还有那么多张嘴巴要养啊！”

“臭娘们！死老百姓！国家兴亡，匹夫有责，听过没？我们没饭吃，谁来保护你们？”班长对村民吼着说。

那口气好熟悉，林水源想起以前那凶恶的日本警察也是这种口气，总是说以皇国兴亡为己任，其实作威作福。他以前恨恶这种行为，怎么一下子自己也变成这等人了呢？

搜出了几袋玉米粉，大娘死命抓住班长的衣角不让他离去。

“求求你啊！我给你磕头，来，磕头，你留给我们一点吧！”

班长甩不开她，抬起脚来踹了大娘一下，扬长而去。

人到底只为了自己啊！不管是村民还是兵，大到一个集团或政权，只要自己活下去，谁管得了别人的死活。

林水源又想到那几句话：“徐州自古就是兵家必争之地。”“老子打从娘胎里就在枪声中长大。”祖国到底是一个什么样的国家啊！“国军”部队这么多，今天一个部队来了，抢完了，明天换另一个部队来，又抢了一次，各自都有各自抢的理由，连门板床板都抢来构工，什么都抢光了。有办法的都逃命去，没办法走不了的，老弱病残穷，只能留在这儿当贱民任人宰割。

"你一个月领几块钱的臭兵想那么多鸟事干吗？上头要我们干吗就干吗，要我们去死你硬着头皮也要往前冲。小老弟看开点，活下去最重要。"老兵徐永顺劝他们别想太多，看来沙场多年，已经很习惯这种事了。

一天夜里，林水源站哨，望着无边无际的玉米田。

"唉……战乱的年代，人民就是刀板上的肉，任由统治者宰割。"他暗道。

他想起去抢粮的事，心里还有些不安，但他又想到以前，自己其实也干过同样的事。"以前在南洋丛林没东西吃也抢土著对吧？"以前抢土著只把他们当化外之人，抢起来没太大罪恶感，今天你抢的人同样是中国人，而且是该保护的对象，他们苦苦哀求你又听得懂，心里就难过了。

听见了几声狗吠，他望见地平线那端，黑夜里，"国军"驻守的另一个村子处亮了一下，好像一阵雷闪过，随即，传来了几响闷闷的炮声。

"打仗了！"

他吹起了哨子，"哔——！"凌厉得划破夜空，几乎就在同时，所有哨点的哨声也都响起。

炮火声一次比一次近，枪声由零星变为密集，部队在短暂的混乱后，士兵各自进入战斗位置。

枪声从西北边传来。"敌人会从哪里来？"林水源紧张、恐惧夹杂兴奋，肌肉紧绷，握紧了枪杆。"冷静，冷静，夜战我是专家，一定可以找到敌人。"

机枪一阵嘶吼朝着敌方炮火处扫射，步枪声中杂着机枪声，黑夜中，子弹拖曳着火光在头上"咻"过来"咻"过去。"砰！"被炸开的泥土飞溅，弹着点越来越近。

“找掩蔽！”

“还击啊！”

“射击，射击啊！”

轰隆隆的炮火中，命令声与咒骂声交织，不绝于耳，这时候想什么都没有用，只能狠狠地打。

你来我往的炮火持续约一小时才慢慢停下，众人松了一口气，赶紧清理伤亡。

还不等歇息，第二天早上，共军攻势又来了，而且更加猛烈。

晚上也如此，而第三天早上也如此。

“看来土八路弹药很足，要逼我们突围啊。”有老兵分析说，“又渴又饿突个头啊！”

果然，中午时分就接到命令，要各连队立即自行突围到指定位置，还写得挺好听：“强行攻破防线打出缺口。”

“突围？没教过啊！”一年轻新兵紧张地说。

众老兵，包括林水源等战过南洋的台湾兵大笑，说：“白天突围，直接一枪崩了自己比较爽快吧！哈哈！”

才离开小村不久，几波机枪声就断断续续传来。玉米田一片连着一片。跑在土路上，看不清敌人在哪里，只能依靠枪声来辨位。

枪声越来越近，从西边传来，赶紧改往东边跑，但跑了不久，东边枪声也大作，越发密集，整个队伍还击的还击，找掩护的找掩护，慌乱成一团。

“东边也被围，看来只能往南跑了。”“打仗打傻啦！这龟孙子就是等我们往南跑啊！”“这存心要灭了我们！”

跑，只能跑，在玉米田里不停地跑，或跑或卧倒，子弹在头上不断扫过，敌人好像总是知道我方的位置，总是朝着要跑的方向射击，身旁的弟兄越来越少，都被冲散了。

林水源想到在南洋也曾这样跑过，明明这里天气晴朗，抬头就是蓝天，没有丛林里浓密的遮阳巨树，可是在玉米田里跑，触目尽是绿油油、密密麻麻的玉米秆，已经分不清东南西北。

他手不断挥舞，拨开前方的玉米秆，子弹碎片就在他身旁落下，被击碎的玉米秆飞溅在脸上，叶子割伤他的手，到最后，索性连拨都不拨，身子直接往前扑。

偶尔下一秒会见到倒地的弟兄，身上溅满了血渍，或呻吟或一动也不动，有时不注意还差点被绊倒。

他看清楚其中一个是张李旺，心脏处爆开一个大洞，眼睛还张得大大地瞪着。

“我也将死在这边吗？”即使生死存亡无暇他顾，看到张李旺的死状心里还是忍不住一沉，“没死在南洋，却死在这边吗？”

也不知道跑了多久，还是没跑出玉米地，枪声断断续续，一颗迫击炮弹落在他旁边，他赶紧卧倒在地上掩蔽，但耳朵还是被震得嗡嗡响，眼前一片晕眩。

“缴枪不杀！”他听到有人大喊。

“缴枪不杀！”声音再次传来，他听清楚了。

“天底下哪有那么好的事，骗你缴械再杀掉吧！”他听了太多宣传共军残忍的事，说共产党无父无母，冷血无情，拿战俘当炮灰……

“缴枪不杀！”

林水源心里动摇了。“好死不如赖活吧！”但他突然感觉大腿上被东西咬到，一阵灼热的剧痛，腿失去了力量，跌在地上继续用尽力气爬，又饿又渴又痛。

“这里的玉米长得又高又壮，难道是千百年来战死的无名尸养肥的吗？”在这生死边缘，他开始佩服自己的脑袋竟然还能这么清晰冷静。

树丛传来窸窣声，几个人拿着枪围住他。“真衰！这下不想投降也要投降了。”

对共产党有了颠覆性的认识

被共军送进了医院，这真是不可思议的事，在这里吃好喝好睡好，林水源在想他们到底有什么目的。

从被俘的那一刻，他们看他是个伤兵，大可一枪干掉他，可是竟然蹲下帮他包扎，他想，我又不是知道什么机密的军官，留着我到底有什么用。

在后送过程中，他见到这些共军个个有说有笑，就连看似军官的人也对兵和和气气，跟“国军”里老兵干部欺负新兵，把兵当作囚犯管的气氛完全不同。当时，他还习惯地称呼共军为“八路军”。

“唉……什么八路军，你们叫‘土八路’‘共匪’是吧！我们是解放军。”

“解放？解放啥？”

这个问题从他看到解放军与当地百姓的互动中慢慢有了答案。

“解放军是人民的军队。”这句话不时地听到，以前总是听说“共匪”鱼肉乡民百姓，以仇恨起家，可是第一印象好像不是那么回事，他们跟当地百姓的关系可好呢！不用去抢粮抢门板，百姓还会主动高高兴兴地送上来，这是为什么？

这医官，他们叫卫生员的，对他也很温柔客气，总是仔仔细细地帮他检查换药。

“这位同志，您也别多想，在我们这儿好好养伤，待伤好了您想要留下或回乡，我们都不会为难您的，唉……都忘了问，同志您哪儿人啊？”

“台湾，就是日本人以前占领的那个东南边小岛。”林水源跟大陆人接触多了，知道祖国很多人从没听说过台湾，倒是说日本人以前占领的那个岛，大家就知道了。

“台湾呀！我知道，这可真新奇，台湾人……嗯……那要等我们一路打到南方解放台湾你才回得去啦！”

林水源心里又是一酸，当初就是贪财，被骗到这里当兵，阿爸阿母不会知道我在这里吧！又落在别人的阵营，也联络不上，不知道他们怎么了，看来还真的要等他们说的解放台湾才回得去。

在养伤的日子里，他对共产党有了颠覆性的认识，这让他心里很困扰又痛苦，共产党也没有以前长官宣传的那么坏呀！还有他们总是说“不拿群众一针一线”“三大纪律八项注意”“为人民服务”之类的口号，就跟国民党的所作所为有天与地的区别，说爽快实际一点，被俘那天的“缴枪不杀”，现在想想就已经够感人了。

这样想起来如果共产党把国民党赶跑好像也不是坏事，一路“解放”台湾，台湾人就不用受国民党欺压了，哼，什么水深火热，国民党最爱说人生活在水深火热中。原本这都是国民党跟共产党在大陆的恩怨，台湾人跟共产党哪有什么仇。

“解放台湾”听起来还不错，可是这样台湾本岛不是也要打仗了……

想到这儿，林水源不愿再想下去。

在俘虏营里的政治课，林水源对现在的局势有了大概的认识。

让许多“国军”低阶战俘震惊的是，早在他们还在往北行军时，“国军”猛将张灵甫竟然在东面不远的孟良崮被共军击毙。别看这些小兵，平常上面要他冲哪儿就冲哪儿，好像没什么学问，但对于运筹帷幄的军事指挥，每个人都好像是参谋室里的参谋，谈得头头是道，张灵甫的威名是大家都听过的，常胜将军嘛！只是他拥有那么大兵力最后还落得被击毙，听到这个消息，俘虏群里发出了不少感叹声。

到底谁有那么大能耐灭了常胜将军张灵甫，好多人都在问这个问题。

“当然是粟裕同志。”讲课的同志略带骄傲地说。

现场议论纷纷，大呼原来如此。

“各位同志，你们看，粟裕同志是少数民族，又从基层行伍出身，今天却能指挥大兵团作战干下如此显赫的战功，面对国民党反动派的优势火力，七战七捷，证明了各位只要在中国共产党的领导下，只要肯好好干，不问出身，不问学历，谁都能立下大功大业。”

讲课的同志激昂的演讲，让台下俘虏心情也随之波动起伏。

“那，长官，啊不，同志，我们七十师是谁吃下的呢？”一俘虏问。

“那就是我们刘邓大军，中原野战军的刘伯承、邓小平同志的大军。”

刘伯承、邓小平名字一出，现场又是一片骚动，这两人的名字以前在弟兄们聊天时多次出现，有人大叹，被他们歼灭也算值了。

“唉，被骗来大陆‘建设三民主义新中国’，而共产党也要‘建立新中国’，两个都要建立新中国，为了建立新中国却流了那么多人的血，一样都想建立新中国，难道不能一起合作建立新中国吗？”林水源暗道。

看看目前的情势，他是暂时回不了台湾了，在大陆也举目无亲，只好继续待在部队里，而且共产党所宣传的，更让他有好感，与其在大陆没有目的地漂泊，不如留在解放军里，还有个目标，人生好像有更多期望，颇有意义。

当兵本来不在他人生的规划中，当年被日本人半逼半就送到南洋当兵，后来被国民党骗来大陆打仗，现在因为对未来前途不明，只能自愿留下来当兵，在乱世中，哪有什么自我的人生计划，那都是一种奢侈的妄想，只能随波逐流而已。

林水源被编入华东野战军，后来的第三野战军下辖第8兵团26军。

队上还有很多原本在国民党军中的台湾兵，一个连队大概都有快二十人，他们被俘后也都愿意加入解放军，不能回乡，有家乡人在一起心里总是比较安慰。

这期间他们打过一些零星的小战役，很多台湾山地兵，平常看他们淳朴憨厚整天笑呵呵的样子，但一到了战场，他们整个眼神都变了，充满了杀气，总是冲在最前面，用勇猛都不足以形容，每次都有台湾山地兵因战功受奖。

林水源想起以前在南洋，那些山地兵高砂族，凭着敏锐的反应救了他们好几次，真不得不佩服这些人，平常平地人只会用轻蔑的

“番”来形容他们，一旦到了危急存亡时刻，只有“番”那天生的敏锐本领能救你。

一次连队干部公开表扬一台籍山地兵，问他战斗精神从哪里来。

“呵呵呵，没有啦！就当作追山猪的啦！呵呵呵。”

这山地兵愣了一下，然后抓抓头发，很不好意思地傻笑着回答，引来全连一阵哄堂爆笑，在旁的连队干部也笑红了脸。

比起之前打过的仗，这些零星小仗还算轻松的，通常枪子没打个几发，“缴枪不杀”倒是喊了不少。

跟以前当日本兵或国民党兵时不一样，以前长官叫你往哪儿冲你就乖乖往哪儿冲，不用多想，可是在解放军里，除了干活外，连队干部还会给兵上课，分析当前局势，讲解各种战术运用。之前是怎么打的，这次该怎么打，为什么要这么打，要你用指挥员的思考方式去思考，理论与实际相结合，让基层战士们都很有参与感。

部队又开始南下，在苍茫夜色中，十几万人的部队在旷野中奔袭，听政委说将要打一场“大仗”，这大仗将是史无前例，将会记入史册的，每个战士听了，兴奋期待中带着一丝恐惧。

依着明灭的月光，庞大无数的朦胧黑影，只听见脚步窸窸窣窣声。

天气已经开始转冷，在行军过程中，都能感觉到战友们哈出的微微热气，林水源现在已经很适应大陆的天气，想起短短一年前，刚来大陆时，好多台湾兵因为无法适应气候而被活活冻死，把他们这些习惯温暖气候的台湾人，一夕之间丢到冰天雪地之中，又不给足够衣服装备，简直就是要他们去送死。林水源觉得自己能活下来已经很幸运了，尽管在战场上，不管怎么死都是冤，但每个人都觉得理所当然。

这场“大仗”开始了，打得特别辛苦。林水源常常听人家讲“死去活来”，他觉得他每一天、每一刻、每一分、每一秒都处于“死去活来”的状态，听说他们面对的是国民党的美式装备精锐部队，林水源深深知道这所谓“美式装备”的威力，一点不敢小看。

打仗多年，没见过那么大规模的会战。敌人的火炮是那么猛烈，每个连队上阵，撤下整补，再上阵，再整补，每次撤下时都少了好多人，眼见同乡每上阵一次就少了几个回来，林水源没有时间叹息。

仗打久了，都有种敏感，就算是枪林弹雨，老兵凭着自己的经验，也能推测出整个战局的大概走向，就像当初那几个大陆老兵一样，看似瞎扯的分析，其实八九不离十。林水源感觉到战局呈现拉锯，知道两方人马都已经到了极限，打成这样，国民党军在装备上占优势，解放军则是靠战术上的优势打成平手，接下来决定胜败的，就是看谁的意志力强了。

林水源知道解放军赢定了，他也只能这样想，想到以前那些国民党兵的恶行恶状，他就打得更狠，那国民党军爱打不打的样子，平常只会作威作福，真正上了战场放了几枪就溃散逃亡求饶的死模样，再对比解放军，战斗意志高昂，没人叫苦叫累，牛车追火炮，天差地远啦！

渐渐包围了敌人，从十公里外，五百米，三百米，两百米，敌人还想利用优势炮火进行突围，离敌人越近，敌人反扑突围的火力就越强，敌人组织了几次突围冲锋，每次都被解放军战士顽强地击退。这敌我阵地一百米间不知又留下多少无名尸。

这场战役是决定性的，之后，解放军如水库泄洪一泻千里般迅速南下，横渡了长江，解放了南京。

再次见到长江，林水源忍不住迎着扑面而来的江风大吼大喊："我回来啦！"

几场大规模战斗下来，林水源也从普通战士一路升到副班长，再升到班长，现在大家都要叫他"班长同志"了，只是他心里知道，这是用太多弟兄们的牺牲换来的，他原来的班副、班长都英勇牺牲了，才轮得到他，对于升上班长，他没有太高兴，只是觉得责任更重大。

原来连上还有很多台湾兵，现在也所剩无几。想当初好多年轻人，大家傻傻地被国民党骗来当兵，发现情况不对劲时已经来不及，想逃就是死路一条，于是，坐火车南下高雄时，大家只能拿着纸笔写上自己的姓名、地址、父母亲的名字，然后包住一块铜板往车外丢，希望有好心人捡到转告他们的家人：儿子要去大陆打仗了。

这是绝望之中唯一能抓住的办法，求助的纸条钱币撒满了铁路两旁，现在想想，多像往阴曹地府路上的买路钱呀！

南京解放后，长江沿线以下的几个大城市也陆续解放，听说解放无锡还没费一枪一弹，国民党军就夹着尾巴跑了。林水源想，看来民心所向，全国解放不会太远，朝着好的方面想，回台湾的日子近了。

接下来，就是上海，终于要回到那匆匆一瞥的上海，以前的文学作品都形容上海是"魔都"，到底有多魔，这次倒要好好见识见识。

这段时间，林水源所属的部队，难得有稍微喘口气的整补机会。连上又补进几个台湾籍的兵。

“班长同志，你知道现在驻防上海的是哪支部队吗？”一个台湾兵跑过来，故作神秘地问道。

“国民党军21师，师长王克毅，怎么了？”

“班长同志，是21师啊！就是二二八事件里屠杀我们台湾人的21师啊！”

林水源脑子突然轰了一下：“哎呀！我怎么没注意到。”他想一九四七年台湾二二八起义时他人还在南洋战俘营呢！怪不得没马上反应过来。

这几个台湾兵，事件发生当时在台湾，目睹了21师士兵残酷地清乡屠杀。

“你不知道哦，我家火车站那儿整个广场都是死人。他们就开着一列火车，沿途扫射，从北射到南。”

“听说整个基隆港都被血染红了，他们沿路抓人啊！看到就抓，也不管你男女老幼，直接用铁丝从手掌刺进去串起来，然后押到港边直接扫射，夭寿哦。”

“那些阿山兵哦！鬼魔附身，说有个村藏了一个匪谍，结果把人家村里全部都屠光光……”

台湾兵们围在一起你一言我一语，不时摇摇头，可怜哦！台湾人刚回到祖国怀抱，都还没有享受到温暖就受到这种可怕的对待，越想越生气，恨不得用同样的方法把这些21师禽兽不如的兵杀光光。

林水源带着台湾兵们向连长请战，让他们冲在最前面，以报21师屠杀台湾人之仇。

上海之战，对林水源来说又是新的作战经验，敌人的水泥碉堡与机枪阵地占领了各重要行进点。他们好不容易在炮火下推进一点，在阵地前方又有数不清的地雷。若不清除这些碉堡阵地，就无法推进，只能派爆破组冲上前逐个爆破掉，清除的每一个阵地都是好多年轻战士用生命换来的。

台籍战士个个都杀红了眼，都像不要命一样往前冲，一想到台湾人与21师的深仇大恨，就恨不得多杀一个敌人。

部队慢慢攻入市区，更难打了，敌人不知道会从哪个楼房放冷枪，又或者突然丢出一颗手榴弹。上面有指示，不得使用重武器，部队只能分成小股，从小巷弄间迂回，逐个占领每栋楼房的制高点。

突入民房，不时会撞见不方便逃命的老弱病残，还要先跟他们道歉后将人送走，才能继续行动，这也拖了不少时间。

苏州河北岸这一带工厂高楼尤其致命，每次要通过十字路口，敌人的交叉火力就猛射过来，冲锋了几次，不知有多少身经百战的老兵就在这儿倒下，又不能以重炮摧毁，只能慢慢迂回前进。

林水源与他的战士受阻于火网前，那挺机枪死死盯着他们，眼见苏州河就在前头不远，打到那儿，过了河，就打通上海南北。想大干一场偏偏又堵在这儿，每个人又急又气，心里无处发泄，在炮火巨响中，只能大声吼叫抱怨。

“他妈的要给老子指挥，一炮给我轰下去，轰得这狗日的稀巴烂。”

“班长同志，你说这仗哪有这打法。”

“他妈的，资产阶级的高楼有我们无产阶级战士的血重要？”

“你他妈的给我闭嘴，上头命令，我们只能勇敢完成。”

林水源决心迂回，从楼房另一侧翻墙绕到阵地后方。

墙后面就是机枪阵地，他灵机一动，拿着一竹竿，绑上四颗手榴弹，拔开引线后，众人迅速地将竹竿推入墙后，即使没炸死敌人，也能制造出数秒的火力间歇。

“轰”的一声，墙都震动了，战士们迅速地叠罗汉翻过了墙，果然，敌人没想到我方来这一招，混乱了半晌。

这半晌太宝贵了，敌我间距突然拉近了许多，林水源带着全班从侧方跃出，冲向机枪阵地。

敌人很快地从混乱中恢复过来，机枪一转，一阵密集的弹幕扫射过来，又不知道有几个战士被撂倒，就差那么一点！林水源一个蹬步跳上沙包，大臂举起枪，准备一刀刺向敌兵。

“干！”林水源大喊，刺向敌人胸膛。

“干你娘！”敌兵举起枪，却慢了一步。

林水源一惊，说：“台湾人？”

短短迟疑的半秒，敌兵大吼一声：“干！”朝他开了一枪，林水源重重地跌了下去。

后面的战士一拥而上。

“别开枪！”林水源倒在地上朝着战士嘶吼。

“砰！”

解放大军一路南下，终于到了福建，在解放军各部队的台湾籍干部战士也都统一调进三野，都聚集在厦门，为解放台湾做准备。

但金门战役失败了，这个消息实在让这些台湾兵沮丧，只剩那么一步，“吃紧弄破碗”，看来还是急不得，还没有那么快能回台湾。

一路从北方打到南方，林水源身边的台湾兵来来去去，去的，永远都回不来了，所剩的，寥寥无几，新认识的，就作为点头之交，他不敢放太多感情，怕要是熟了后，又再度失去，心里更难过。

上级对台湾兵们不错，常要倚重他们的知识增加对台湾的认识。他们每天就聚集在一起上课开会，日子还算轻松。

林水源在这认出了熟人，就是以前在南洋丛林里的高砂兵山下军曹，他竟然也在这里。

“哈哈！林桑，我现在不叫山下了，我姓潘，我叫潘金根，不是潘金莲的兄弟哦，我已经被笑好多次了。”潘金根开朗地说。

自从南洋一别，林水源跟他就再也没见过面，没想到今日又在大陆见面，又成了战友，恍若隔世，不甚唏嘘。

这些山地人，以前日本人在的时候，好多都叫山下，听说日本人早先是以居住的地点决定姓氏，难道因为他们山地人都住在山里，所以都叫“山下”？奇怪了，现在改汉姓又一大堆人姓潘，这其中是有什么道理吗？

“就那些大人说要办身份证要有姓名，就随便‘赐’我一个姓，说我们住水边，水边的番人就是潘，哈哈，可是我爸爸姓陈，我弟弟还姓花呢，你说好不好玩？”潘金根说。

“你怎么也会在这边？”

“在这边？呵呵，就那个三千块啊！呵呵。”潘金根苦笑。

林水源才发现他问了一个笨得不能再笨的问题，这不是废话，这里的哪一个人不是被三千块骗来的。

可是来不及了，潘金根这“三千块”一说出来，好像刺破了在场台湾兵心中那个不愿再提起的痛，每个人都听到了，却没有人多说什么。

“唉……我自己问得憨就算了，都说山地人善良、没心机，结果他居然也不会看场面说话……”林水源摇摇头。

在场的台湾兵，谁没有说不完的故事、吐不完的苦水呢？每个人都想讲出来，讲它个三天三夜都说不完，可是一想到每个人都有同样的经历，讲出来也不见得有人同情，大家彼此都知道就好，到口的苦水只能硬生生地再往下咽。

1950—

参加朝鲜战争

在气候温暖又跟台湾相似的厦门待了近一年，终究没等到解放台湾，听说朝鲜那里爆发战争，又要调兵过去打仗，台籍兵开始归建回原单位。

“看来命中注定是回不去台湾了，呵！”很多台湾兵感叹道。

“你们不知道哦，东北那边有多冷，零下几十摄氏度的呢，别以为你们徐州那儿就很冷了，华中跟东北的冷根本无法比。”

说话的是一曾经在东北打过仗的台湾兵，他原本在国民党军62军，早在一九四七年就被派到东北去当兵，后来辽沈战役时在锦州被俘。

“怎么说，你讲清楚一点，好让我们有思想准备。”

“冬天你在东北放尿哦，还要准备铁锤，不然尿出来，你瀑布马上就变冰柱，从地上冻到卵葩，你一动，惨啊！鸟都飞走了。”这兵一边描述一边做敲冰柱的动作，颇生动。

众人哈哈大笑：“金黄色的冰柱，那不是看起来跟芒果冰一样。”笑得更大声了。

笑完，众人陷入一阵沉默。

“以后会怎样呢？只能再等等了，要是没死的话。”

“如果这次没死，我就想办法来厦门住。”一台湾宜兰籍的兵说。

“为什么？”

“这里跟我宜兰那儿讲话很像。”

“哈哈！那我没死的话我就搬到泉州去住，我家是泉州。”林水源说。

林水源跟着部队再度往北，几天之内，沿途景色从绿油油的茂密植被，一直到萧瑟的枯黄，又变成一片白茫茫的冰天雪地。

已经有其他部队进入朝鲜，首长对于没能抢到先机战功很是懊恼，一听这次面对的是帝国主义的头子——美国，许多战士都摩拳擦掌，跃跃欲试，相信凭我军的意志与作战精神，很快就能让帝国主义从朝鲜半岛滚蛋。

“这是鸭绿江，名字取得妙，鸭屎绿的鸭绿啊，对岸就是朝鲜，同志们要争取立下战功，帮朝鲜百姓把美国帝国主义打跑。”部队首长在渡江之际，激励着士兵，大家士气都很高昂。

自从南洋之后，又再面对美国人，林水源心中有种异样的想法慢慢地萌生，搔着他的心。

渡过鸭绿江后，就是一路快速地奔袭，要赶到前方阵地，这时候，他们才发现，之前想的都太天真了。

这一条公路，已经被炸得惨不忍睹，到处坑坑洞洞，再加上下雨下雪天，简直就是泥泞不堪，每走一步，踏下去要用劲才拔得出来。林水源被派到炮兵部队担任侦察班班长，人走路还好，辎重火炮等设备就麻烦了，经常卡在路上动弹不得，进退两难。

上级下达了死命令，要在十天之内到达最前线，也不管落队的，还能走的就一路赶。

这一路奔袭，没睡好也没吃好，运补又跟不上部队速度，常常只能吃粗磨的麦粉或米粉，好一点时能吃到些干粮，至于饮水，就地拿了雪水融化就喝，也没时间煮沸，好多人就这样病倒在路边，一路上，除了看到伤兵外，更多的是病倒的兵。

部队只能趁着黑夜急行军，看着被炸得稀巴烂的公路，只好改走山路和羊肠小道。士兵把较轻的火炮分解开，部件由多人和骡马背负，山道崎岖，摸黑走路，走得跌跌撞撞，一不小心就会掉进山谷底。

白天，部队还要想办法在被炮火炸得光秃秃的山坡中找掩蔽休息，走山路急行军也拉不了高射炮，要是被美军飞机发现了，只能任机枪扫射加轰炸宰割。

终于赶到前线，连绵起伏的山峰，却少有植被，虽然下着雪，还是有不少枯黑的断枝残干在冒星火和烟。部队进入了简陋的工事，依然是白天睡觉，晚上起来继续构工。本来在行军途中常会遭受飞机的扫射或轰炸，到了前线，多了敌方火炮的威胁，这些帝国主义大爷像看心情炮击似的，无预警就来给你一阵猛轰乱轰。一想到敌人可能正在哈哈大笑，大伙也更生气了。

战斗一开始，双方同时猛烈地炮击，大地都为之震动，寒冷的空气都因此而颤抖。

林水源所属炮部队，虽然在稍后方，但也不轻松，除了要不断变换阵地位置，有时候，阵地被敌人发现，还要击退敌步兵的冲锋。

一次，为了掩护友军冲锋，炮兵对敌射击坚持到了最后一刻，正要变换位置，忽然天上落下了一枚紫色烟幕弹，烟雾腾起，林水源心想“这次真的死定了”，没半晌，疯狂的敌炮火落下，炸得他满眼白光又晕眩，却要赶紧继续将炮位转移。

这时，敌人也攻上来了，林水源带领着战士们冲上前去，掩护炮位先转移。

“他妈的，一刻都不给歇息，同志们，我们上！”

众战士利用爆炸火光作为掩护，跃向爆炸过的弹坑做掩体，用一切可用武器力堵敌军冲锋，可是敌火实在太强，封锁线一一被冲破。

林水源孤注一掷，拉住步话员，迅速判断敌军可能运动的位置，将目标数据快速报告给友军炮兵阵地，报告一结束，还不等确认，一破片直接命中步话机。

“干！听天由命了。”林水源暗道。

幸好不久，听到一阵炮弹呼啸声从我方炮兵阵地由远而近传来，只松了半口气。“射准一点啊！”两军距离就那么一点，炮火稍有误差就跟着陪葬。

炸弹就在他眼前不远炸开来，震波震到他五脏六腑都随着翻腾，离他就差那么一点。“哈哈！成功了。”他差点兴奋得忘了要继续卧倒。

每回战斗结束，不管刚才打的是如何鬼哭狼嚎，整个战场好像就忽然陷入一片死寂，遍地坑坑洞洞的荒山，静得令人可怕，跟坟场乱葬岗似的。

在朝鲜的战斗，惨烈程度超过林水源以往的经验，几乎每个重要山头、每个高地都是用人肉堆成的，敌我双方都在反复争夺，每一次都死伤无数，血肉横飞。美军有优势火力，有精良的飞机大炮，利于白天作战，而志愿军常常是晚上组织突击，冲杀时冲锋号一吹，“杀”的声音响彻整个山头，这冒死冲杀的结果，美军白天攻下一个阵地，晚上又被志愿军夺走。

美军攻上来，留下的是美国人残缺的尸体，换我方攻回去，猛烈炮火下，留下的是我军战士的尸体，一次次的攻防，尸体一层一层轮流叠上去，炮火不时地再将地面轰得翻搅几遍，这尸块与血都几乎化作泥，已经分不清是敌是友，每回重新构工，一锹下去，翻出来的不是土，都是残肢断干。

只是到了春天，雪开始融化后，那土壤夹杂着的血水慢慢渗出，尸臭味开始散发出来，原本还有点令人作呕，但到后来，都已经麻木了。

“不知道阿爸阿母现在好不好，阿爸风湿病有没有好一点，现在台湾已经很热了吧！听说朝鲜比台湾时间快一个小时，阿爸阿母现在应该已经吃完饭在庙口跟人聊天了，弟弟妹妹不知道结婚有小孩没。唉……”林水源暗道。

进入朝鲜，他身边已经没一个台湾兵，他对家的思念反而更强烈，越来越强烈，只是想了都是白想，他很快就会把这个念头消灭掉。

部队占领了一个新的高地，没多久敌方炮火果然如预期地猛烈轰来，幸好已经做好准备，没有人员伤亡。

只是几次下来，发现敌方炮火这次特别刁钻，而且飘忽不定，无法预测下次要从哪里射来，双方在此就僵持不下。但从几次敌弹的分析，司令部认为敌炮兵在几个高地间不断运动变换位置，看似随机，实则有一定规律，因此要派出一支侦察队伍，找出敌的确切位置。

林水源受命为侦察班长，他带着几个兵和话务员一同出发，要找出敌方炮兵阵地到底在哪里。

这一夜，大雨滂沱，道路泥泞湿滑，他们摸着山路，渗透进敌占领区。这路真不好走，有时还要扶着山壁前进，甚至要像狗一样趴着走。

一路上，遇到几次敌人巡逻队，狭路相逢，他们只能赶紧掩蔽趴在烂泥巴里。

“哈哈！看你，成泥菩萨了。”一兵压低声量向另一兵开玩笑道。

“去你的，我这个泥菩萨可以自保，说不定还能救你一命。”

“严肃点！快赶路。”林水源斥了几声，兵自讨没趣地乖了下来。

“我说班长同志，刚才明明可以干掉他们的，这可让我气闷着，错失良机啊！”

“你这小子仗打昏头啦！我们的任务是侦察不是交火，我们只是眼睛，还是你他妈的用眼神就能杀死敌人。”这兵被林水源一骂，众兵在旁都忍着不敢笑太大声。

遇到敌人巡逻队的频率越来越高，几乎可以确认这附近有敌人的重要设施，为避免侦察功亏一篑，他们连小路都不走了，冒险直接爬上山坡，小心翼翼，慢慢翻过这个山头。

这大胆行动出奇顺利，第一个预定的侦察位置就找到敌方炮兵阵地，侦察小队趴在几乎是阵地上方的悬崖上，林水源一边拿着望远镜，一边拿起步话机向后方回报敌阵地相关位置数据。

“司令部回报，我方火炮已开始运动转换位置，待准备完毕，即实施对敌射击。”话务员回报。

“好了，我们快走。”林水源催促道。

几乎是扶着山壁往上，眼见就要翻过，任务完成一大半，战士们心情轻松不少。

突然，林水源一脚踩了空，整个身躯滑了下去，在斜坡上快速地翻滚。

“班长！”

“快去救他啊！”

他依稀听到战士们的大叫声。

“不要叫啊！不要叫啊！”林水源心里呐喊着。

仍然不停往下滚，他只能消极地双手抱头，还好下着雨，土比较松软，但在下滑过程中，一直撞到凸起的岩石，撞得他全身几乎要散开。

他觉得意识越来越模糊，最后昏迷之前，他听见了炮弹飞来的声音，接着，轰隆隆，眼前一片火海。

战俘遣返台湾

林水源没死，断了好几根骨头，躺在床上稍微一动就要散架，痛得要命。又捡回一条命，林水源一点都开心不起来，总是躺在床上沉默着想事情。

待自己能走路，林水源被送到战俘营。

每天都有新的人被送进战俘营，林水源总在看有没有认识的人，甚至是有没有台湾人。

这期间，战俘营对于战俘们的意愿，做了一次审讯调查。

轮到林水源了。

“哪里人？”

“台湾。”

“我不是问你想去哪里，我问你籍贯是哪里。”审讯官有些不耐烦地说。

林水源说：“我真的是台湾人。”

“什么？台湾人，这里怎么可能会有台湾人？”

审讯官间交头接耳，盯着他不可置信的样子。

回答了几个问题后，审讯官说：“我们知道了，你的问题我们会特别留意。”

前一天晚上还前途未卜、人心惶惶，突然一夜之间，确定的消息传来了，战俘营要遣返一批战俘去台湾。

一些想去台湾的战俘气焰高涨了许多，软硬兼施，逼着那些想回大陆的战俘一起到台湾。

“你他妈的天堂有路你不走，现在好啦！地狱大开，你走得大摇大摆。”一心想去台湾的战俘王德川大骂道。

王德川常带头殴打那些一心想回大陆的战俘，谁叫他们人多势众。

“看老子我来导正你的思想。”这是王德川最常挂在嘴边的一句话。

因为是“导正思想”，所以一切行为都合理许多，只要有人不服，他就辱骂、殴打、虐待，众人一起闹，乐此不疲，照三餐打。

怪的是，管理员对战俘间这样的行为常睁只眼闭只眼，直到有一次他们把一个战俘打成半残，管理员才口头警告了一下。放任到后来，每回集合点名，总会少那么几个人，管理员也没多问，都知道怎么一回事，心照不宣。

“妈的，我今天就是代表政府来导正你，看你服不服！”那天，王德川又萌发故态，抓住坚决要求回大陆的罗平，把他的头按进水里，抓起，再压下去，再抓起，再压下去。

林水源看见是罗平，不知哪里来的勇气，大叫王德川住手。

“你他妈的王德川，你是真的想搞出人命是不？”林水源大骂道。

王德川见是林水源，又看看已经被呛得半死不活的罗平。

“算狗日的你好运，林兄帮你求情。”

罗平老家就在苏北徐州一带，他说当初内战时，国民党军队把他家抢光，全家除了妹妹外都饿死了，他恨国民党，带着妹妹逃到解放区就加入了解放军。

林水源算算时间，那时刚好是他所在的国民党部队从徐州出发往驻地的时间，说不定他的部队还抢过罗平他们家，这些，他都没说，但他一看到罗平，就觉得很内疚。

到了决定去向的日子，林水源劝罗平一起回台湾故乡。

“林兄，你救过我一回，我尊你为兄。但这事，你再劝我，我就不喊你兄了，连兄弟都做不成。”罗平说。

“你知道回去会如何？”林水源语重心长地劝他。

罗平想了想说：“但毕竟那是我的家。”

去台湾的前一晚，在仁川港边，美军军乐队在演奏轻快音乐，百余营帐搭成了一大圆圈，每个帐篷内灯火通明，准备前往台湾的“反共义士”在这里吃完最后一餐。所谓“反共义士”，绝大多数是被俘后觉得无颜返回大陆、被裹挟去台湾的志愿军战士，他们的内心充满了耻辱感。

大约每五百人登上一艘登陆艇，每五艘一个波次驶向外海的运输舰，等到一万多人全部都上了船，第二天刚破晓，运输舰就在护航舰队的簇拥下，一路向南，驶向台湾北端的基隆港。

船还没有靠岸停妥，就听到了鞭炮声，从基隆下船开始，沿途就有大批民众聚集，放鞭炮一路欢迎他们这些“反共义士”。

坐火车到台北后也是一样，他们站在军用大卡车上，接受民众的热烈欢迎，行程特别赶，一会儿要接受各级首长的召见，一会儿要参加什么“同心爱国”之类的活动。

林水源，一个台湾人，原本参加“国军”，被俘到共军，又从共军被俘，成为“反共义士”，最后回到台湾。他的特殊身份和经历被当地政府拿出来大肆宣传一番。

但他关心的是，还有没有其他跟他一样的台湾兵从朝鲜战场上回来，听说有少数几个，心里也稍微安慰点。

林水源要回家的那一天，县长、镇长、地方士绅，林家的亲朋好友，还有看热闹的乡亲们，通通都到场了，聚集在他家门口，等着林水源的归来。

车子才到镇子口，鞭炮声就大作，连串地响。这串鞭炮长长的，一直爆到他家门口。林水源一下车，什么县长、乡长、地方士绅就拥上去跟他握手，拍拍他的肩。

看看这些人，有当年为“大东亚圣战”声嘶力竭的，也有大力宣传年轻人建设祖国的，当年赶着年轻人去送死的就是这批家伙，他们的嘴脸令人恶心，但林水源毕竟看得多了，没有当场翻脸，隐忍着不爽，客套地笑了笑，搭腔几句。

“林义士，您母亲和兄弟姐妹在等您呢！”一个不知道什么职务的长官亲切地问候他。

“那就别一直围着我，快让我过去！”林水源暗道。

见到母亲由弟弟扶着，站在门口等他。林水源没见到父亲，心里就知道大概是怎么回事了，他“哇”的一声就跪倒在母亲跟前，痛哭了出来。

“乖囡仔，终于肯返来喽，国语学得如何？”母亲慈祥地摸摸他的头。

林水源听到母亲这么一说，哽咽得更厉害了，一把眼泪，一把鼻涕，仿佛要把好几年对家的思念一次发泄完，弟弟妹妹们也跟着哭了起来。

在县长和乡亲的起哄下，林水源拉开了上衣，露出胸膛前那刺着青天白日旗与反共标语的刺青。

“有一万五千名‘反共义士’选择来到自由的堡垒台湾，证明了‘共匪’不得人心，只要我们齐心合力，上下一条心，在‘蒋总统’英明的领导下，反攻大陆必胜必成！”县长趁机来一段激昂的演讲，鼓舞在场乡亲。

只是林水源最清楚，这些“反共义士”身上的刺青是怎么一回事，在战俘营里大多数战俘身上都被刻烙上类似的刺青，现在竟被当局拿来当作“唾弃共产政权”的证据。

在大陆那么多年，他也听了很多历史典故和奇闻逸事，听说古代有种刑罚叫“墨刑”，罪犯的脸上被刺青，让大家都知道他是罪犯。中国人最好面子，这不仅是战俘营对战俘的一种刑罚，更是一种精神上的折磨，摧毁了战俘最后一点尊严。

在战俘营时，有好多人被强压在地上刺上这些反共字样，但他们最终还是选择回大陆去了，他们的命运到底会如何呢？林水源不敢再想下去。

回到台湾，家人都希望林水源不要再当兵了，回到家里来，看看能不能找点事做，快点娶媳妇。林水源苦笑，一方面是笑家人的迂，另一方面是笑这个充满了虚伪的当局。

尽管他也很想退伍，但这事想了也是白想，以他现在“反共义士”的身份，又是全台知名，长官常常召见，要是他退伍，岂不是像打了当局一巴掌，不给他们面子。就算他真的白目，不识相地提出，也会被打回来。这简直就像被立了贞节牌坊的寡妇，夜夜有苦说不出。

他偶然听到别人在传，韩战里那个联合国军总司令什么“卖考阿舍”说什么“老兵不死，只是凋零”，他心想：“老兵不死？恁老师勒，新兵都死光光了啦！”

1958—

金门炮战

林水源继续留在“国军”里，在炮兵部队里担任上士班长，比起其他上士班长，他明显老很多，但大家也都尊敬他的资历，不拿年龄和过去这些事开玩笑。

过了三年，他升上士官长，同时部队也轮调，要调往前线金门。部队在高雄上船，出港时，林水源倚在栏杆边抽着烟，算算这已经是第三次在高雄上船离开台湾了吧！从高雄上船出港，向左是往南，最后看到的是旗津；向右是往北，最后看到的是寿山，不知道有多少台湾兵看完这最后一眼就再也回不了台湾了。

到了金门，林水源在阵地附近的观测站用高倍数望远镜遥望对岸厦门，对岸大概是黄厝一带沙滩，当年他也曾经在那里遥望着金门，事过境迁，今天竟然变成在金门监视对岸。

金门晚上实施宵禁，林水源只能在坑道里，坑道里潮，有时候走出来透透气。微微的月光，吹着轻轻的海风，穿过木麻黄的海涛声，林水源望着对岸厦门稀疏的民家灯光，回忆起跟其他台湾兵在厦门的日子，自己运气好回到台湾，只是不知道其他人现在还剩下几个，日子过得好不好。可惜当年大家没留下联络方式，要是其中有一个人回到台湾，就能通知其他人的家人，不过话说回来，就算当年留下联络方式，那也要背下来才行，否则不被当作国民党特务才怪。

在火炮阵地，火炮静静地置在土堆后方。炮兵的工作，除了勤练跑操，就是擦炮管，上油保养，大多数时间都没什么事。老兵叫台籍充员菜鸟兵干些活，自己不是在睡觉，就是边喝高粱酒边下棋，比起天天操练的步兵，过得实在是悠闲。

这105榴弹炮是美国二战后退下来的玩意，以前林水源在朝鲜时还俘获过几门，对它的性能还算熟悉。这一门炮要一组炮班七个人侍候，每回进入射击位置，要先拉开两边的炮架，再摇高或左右定位炮管，填进炮弹，推入弹膛，发射器一拉，“轰”的一声，炮弹射出炮管，完成发射。这一系列动作需要一气呵成，因此非常要求炮班成员间的默契配合。

每次林水源见到老兵在那儿摸鱼就忍不住破口大骂，拿起钢盔直接摔向这些老兵。老兵们仗着自己资格老就油条起来。大概是以前在解放军时，什么事都是老兵新兵一起做，老兵也不会没事找新兵麻烦，林水源习惯了这种作风，所以现在看到老兵这副德行，就忍不住想说几句。

但林水源这样管久了，老兵就有意见了。老兵们认为他们当初也是这样辛苦过来的，新兵刚进来辛苦点也是理所当然，每个部队都是一样，就算你林老贵为士官长，也破坏不了这传统，或是林老是台湾人，他对外省兵有意见，根本就是袒护台湾兵，故意找外省籍老兵的碴。

说归说，老兵还是要听林士官长的命令，心不甘情不愿地一起去干活。

林水源心里也知道部队就是这样，老兵虽然摆老，但还是有一定的功用，所以也没太压制老兵。

“咱台湾人要更努力，做出实力来，有实力，别人就无话可说，知否？”他这样对台湾充员兵说。

一九五八年八月二十三日这天，艳阳高照，到了下午，天气转阴，虽然风从海上吹来，但过于闷热，感觉风都是热的，士兵们几乎都是穿着内衣、戴着军帽在作业，忙得满头大汗。

吃完了晚饭，林水源拿着大脸盆走到附近民家借用澡堂洗澡。这闷热的天气没有比冲凉更爽快的事，冲完了，林水源愉快地走回阵地。

哼着小曲才走到一半，突然传来轰隆轰隆的激烈炮弹爆炸声，大地为之剧烈震荡，林水源来不及反应，差点站不稳，只见阵地方向一片火海腾起，硝烟弥漫。

“干！又被我遇上。”林水源心里暗骂，把大脸盆当钢盔罩在头上，快速跑回阵地。

头上对岸解放军的炮火不断飞来，这一路上简直是哀鸿遍野，眼见一小兵跑在他前面，一炮弹在附近炸开，还来不及找掩蔽，破片飞来直接把头和肩膀削掉一半，血肉横飞，要是林水源跑得快一点，惨死的就是他。

“又捡回一条命。”他心想。

路上弹如雨下，震天价响，尘土飞扬。待冲回坑道，林水源发现，营部与上头指挥部的通信都已中断，看来是所有炮营的通信都已经中断，没有人敢擅自做主反击。

这营长气炸了，拿起钢盔往地上一摔，骂道：“他们竟把炮通通拉到沙滩上自由自在地打，这是哪一门战法，狗屁不通！真他妈的狗屁不通，眼睁睁地看他们在那儿晒日光浴，太明目张胆了，我们居然不能反击！”一炮落在坑道上方，碎石屑落下，他赶快捡起钢盔又戴上。

林水源自然知道解放军战术灵活，不按牌理出牌这个道理，他们会这么做，肯定是意图以迅雷不及掩耳的速度压制敌军，看得出他们信心十足。

可是他们这次错估了一点，金门许多阵地几乎都是挖空的山丘，一切地下化，洞身用三米厚的钢筋混凝土裹住，上面还有泥土，泥土上则植以树木、草皮，有些地方甚至是在坚硬的花岗岩石下凿开的，被炮弹击中，不痛不痒，大不了弹出几块岩石碎片，仅仅用炮击，有些武力还是能保存得很好。

但上级没有命令，尽管下面各连都已经来电请示还击，还是没有人敢发第一炮。

“这些人平常散漫惯了，一遇到事都没人敢担当。”林水源暗道。

挨打了一个小时，终于听到友军阵地开始反击，营长见状，信心大增。

所有阵地按照平日所负责的打击区域还击，这一打，金门所有的火炮几乎也同时向对岸猛烈射击，从观测所看，解放军在沙滩上的阵地，既无掩体，也没伪装，暴露在国民党军有效观测范围与炮火覆盖范围之下，一处接着一处被摧毁，火光冲天。

往后几天，双方炮火你来我往，林水源也机动待命冒着炮火穿梭在各炮阵地间，还要趁着炮火稍息时移防。

“唉……该不会有以前的同志吧！”林水源在想，对岸炮兵中会不会有以前认识的人，还好炮战是隔空交火，要是真的短兵相接，见面了那岂不尴尬，但还是免不了一枪开下去。

以前刚被解放军俘虏的时候，有些被俘士兵选择回老家，那干部说的话还挺有意思的："唉……各位在返乡的路上，说不定又被蒋帮给抓走，又回去当兵，到时候我们又要在战场上相见，只是看在我们照顾过各位，替各位把屎把尿的分儿上，到时候战场上看到我们，请把枪杆儿抬高一点，如果能投降或逃命就干吧！也算为解放大业立点功，大家都是中国人嘛，何必这样杀来杀去。"

不过一想到"同志"这字眼，林水源的心里还是有深深的愧疚，大家都在拼命，他却逃避了。想起来荒谬好笑，自己当过日本兵打美国人，又当"国军"打"共匪"，又当解放军打"国军"打美国人，现在又回过头来当"国军"打"共匪"。人生真是难以预料。在颠沛流离的乱世中，小到个人，大到一个岛，都无法掌握自己的命运。

进入九月，对岸解放军的炮火突然又猛烈了起来，震得林水源耳鸣。

平常操练最辛苦的步兵，这次炮战倒是伤亡最少，炮兵伤亡率反而高，而伤亡率最高的竟然是通信兵。

通信兵总是背着一大捆电线，手拿铲土圆锹，穿梭在猛烈炮火下查线，伤亡率自然最高。

炮战前不久，家乡才来了一封信，说某个小同乡要到金门来当兵了，请林水源多多关照。林水源一忙，也忘了这件事，没想到竟然在炮火最猛烈的时候在阵地里遇到了。

这小子灰头土脸地跑进阵地，报告接线状况，一看到林水源的名牌，就傻笑嘻嘻地攀起关系来。

“哦，您就是林叔，我爸常常提起您。”

“我想起来了，真歹势，一直没好好照顾你，你看我现在多忙，等以后去看看你。”

“谢谢林叔，谢谢林叔，请多多照顾，林叔再见。”这傻小子开心地向林水源道谢。

林水源清楚，越是在紧张压力大的关头，遇到熟人，越是想要紧紧抓住，心里就会有些安慰。

这小子与战友刚冲出坑道口，一个炮弹直接落下，来不及跳进旁边壕沟，就在林水源眼皮底下，两个人同时被炸上了天，一阵烟灰，只剩残肢断干掉下来。

虽然说与他父亲也不太熟，但林水源心里也忍不住自责一下，要是多跟他聊两句，他就能逃过一死了；在战场上，似乎只有0与1两种，死或不死，通常就只差那么一点点，能不能跨过那一点点，那就是你的命了。林水源能逃过那么多次死亡，都是因为幸运，每次都刚好跨过那一点点。

打仗也打了十几年，现在自己也变成当年那些老兵的模样，养成了一些当年讨厌的老兵习气。他突然有些懂了，老兵就是死过太多回，什么都看得比较开，也比较无所谓。对于自己也慢慢变成这样，他有些懊恼。

到了十月底，战事方歇，炮战也变成“单打双不打”，林水源知道回家的日子近了，这次回家就办退伍，他真的累了。

长官有意调他到“心战总队”去向大陆广播，他一想到那大喇叭常常在播放“我是解放军原某某部队某某某，我在台湾吃得好穿得暖，生活幸福……”就觉得莫名其妙又可笑，自己的经历实在是太奇特了。

最重要的一个原因，他自己心里最清楚。

“恁爸打仗打了那么多年，杀了那么多人，沙场老将，战斗英雄呢，竟然没碰过女人，还是‘童子’，让人知道了多见笑，干！”

于是，林水源终于退伍了，结束十几载的军旅生涯，远离了烽火的生活。他娶了媳妇，有了孩子，过上了普通人的生活。

多年以后，林水源又到了高雄港，那个曾经上船，南往南洋，北往大陆金门的码头，现在已经不是军事重地，而是观光码头。这码头有个很大气的名字：光荣码头。他看到这个名字还愣了一下。“光荣？断肠还差不多。”

港口内，一艘载满阿兵哥的运输舰缓缓驶过，船上阿兵哥开心地向陆上的人们挥挥手。这艘船出了港，往北走，要开到金门。

“现在应该都会活着回来了哦！”林水源这样想着。

1963——

服兵役，抽中海军陆战队

台湾在很长一段时间里，都是作为反攻大陆的“跳板”而存在的，国民党、蒋介石想要反攻回大陆，所以，全台湾从上到下，所做的一切都是为了反攻大陆而准备。

记得以前上中学时看过一个地理考题：“‘国军’反攻大陆，从厦门登陆，试问，要从厦门一路往北打到北平，会经过哪几个省份，经过哪几条铁路干线……”这题目在今日看来简直就是匪夷所思，简直就是意淫的最高境界，千里之外夺人贞操啊！

那么，这“登陆”，当然就需要陆战队了。为了反攻的需要，“国军”曾经拥有世界第三大海军陆战队的人员编制。在台湾，还真没有人会怀疑海军陆战队是最辛苦、训练最精实的兵种。正因为那么辛苦，所以海军陆战队有特别多自嘲的顺口溜。

“一日陆战队，终生掉眼泪。（原词是：一日陆战队，终身陆战队。）”

“终身陆战队，不死也残废。”

“我在当兵不怕累，只怕老婆跟人睡；她在爽我在累，谁叫我是海军陆战队。”

这篇故事大概发生在一九六〇年，台中附近的某乡镇有对难兄难弟先后入伍当兵，本来入伍当兵对台湾的男人来说是稀松平常的事，但倒霉就倒霉在他们都抽中了人人闻之色变的海军陆战队。

在台湾流传着一句俗语：“空军少爷，海军绅士，陆军乞丐。”这就是三个军种给人的刻板印象。至于海军陆战队呢？“海陆流氓”，之所以为流氓就是因为特别剽悍，特别凶，当然，这都是艰苦训练的成果。

难兄难弟之一的蔡俊明，在抽兵种的前一天，心里不安，还特别到庙里烧香拜拜，求抽到一个好签，不求抽到空军爽签，可是拜托千万不要抽到海陆下下签。到了临抽签时，他还迷信地在手上画了一个眼睛，表示长眼再上前去抽。

在抽兵种的现场，所有档梯次的役男被集合起来，轮流上台抽签。轮到蔡俊明，他将抽起的签交给报签人，等待宣判。

“蔡俊明，海军陆战队。”

不带情感的大声报签，连“战”音都还没有落下，现场就爆出热烈的掌声和欢呼，大家都在庆祝陆战队的签又少了一支。

但其中欢呼得最大声的是他从小一起长大的难兄难弟——李一郎，幸灾乐祸地大声鼓掌叫好。

“赞！永远忠诚！”李一郎起立大喊。

受李一郎起哄，现场的鼓掌叫好声更大了，听在蔡俊明耳里却好像哀乐一样。听到李一郎这么一叫，蔡俊明心里忍不住暗骂了几句，如果他不骂几句，恐怕要哭出来；本来叫朋友来是想要壮胆的，没想到反而被奚落一番，情何以堪啊！

一同前来的还有李一郎的女朋友林美雅。蔡俊明、李一郎、林美雅三人从小一同长大，一起学习，一起玩，感情很好。听到蔡俊明抽到陆战队，相比李一郎瞎起哄地幸灾乐祸，林美雅心中有些不舍和担心。

就在蔡俊明硬着头皮入伍两个月后，没想到李一郎也在众人欢呼声中，抽中了永远忠诚海军陆战队，接着剃光头从军去了。

林美雅是蔡俊明和李一郎一同追过的女孩。

这对活宝难兄难弟同年出生，没差两个月，老家在同一个镇上相邻没几户，小学读同校，初中同班，后来初中毕业，爱玩的李一郎没继续升学，到铁工厂当学徒工，而蔡俊明考上了工科职业学校，到县里读书。

李一郎上面有两个姐姐，他妈好不容易生了他一个男丁，整个家族从小就把他捧在手上简直当活祖宗伺候，惯得有些骄纵。幸好他顶多有些调皮捣蛋，没有变坏；讲话有些油腔滑调，不令人讨厌。

但在蔡俊明看来可不这么觉得，他有时候觉得李一郎太嚣张，快骑到他头上了，真想揍他一顿。可是李一郎见势头不对，又开始讲些好话，让他气不起来，好气又好笑。在李一郎眼中，蔡俊明太闷骚，饿鬼装客气，可就是主意特多。照他闷骚的个性，主意特多却也只敢说说不敢做，最后这些鬼主意都被李一郎拿去实行。

两个人其实也不是臭味相投，只是从小就在一起长大，很自然两个猴囡仔就整天混在一起，很习惯对方的个性了。一个调皮捣蛋，一个鬼点子特多，丰功伟业没有，孩子气的小奸小恶倒是不少。

林美雅跟蔡俊明小学是同班同学，从小他就对这个女生蛮有好感，动不动就大献殷勤。虽然说女生总是喜欢被捧着，坏就坏在蔡俊明鬼主意虽多，真正要做起来又笨拙不堪，有时候林美雅觉得他烦得要命，可是如果蔡俊明一生气，不想帮着她了，林美雅又觉得好像少些什么，好多事都做不了。

上初中后林美雅读女生班，与读男生班的蔡俊明和李一郎在一起的时间少了许多，可就在看似越来越疏远时，不知道从什么时候开始，林美雅竟然与李一郎越走越近。本来三个人常常是走在一起有一句没一句打打闹闹聊着，现在林美雅与李一郎越来越自顾自开心地聊着，悄悄话越来越多。看着他们打闹的背影，蔡俊明相当不是滋味，总觉得李一郎横刀夺爱，不够义气。

对于情窦初开的少男少女们来说，通常谁越在异性前自信地表现自己，谁就越容易得到异性的青睐。可是李一郎也没有刻意地表现自己，反正他本来就是这副模样。比起蔡俊明，林美雅反而觉得这个男生有趣多了，讲话很好玩，活泼热情，好像有永远用不完的精力一样。这倒也不是说林美雅不喜欢蔡俊明，他对她很好，可是就仅止于好而已，其实她也知道他人不错，但没有感觉就是没有感觉，这谁也没办法。

蔡俊明入伍时，李一郎和林美雅来送他。

“好好照顾我们的老婆。”蔡俊明坐在火车里，强打起精神，对窗外两人开玩笑说。

“干！我老婆啦！谁是你老婆，好好去当兵啦！”李一郎作势要打他，旁边的林美雅脸红得不知道该说什么。

列车缓缓启动，李一郎做了一个夸张的举手礼，说：“记得要永远忠诚哪！”林美雅站在稍后边点，欲言又止地挥了挥手。

几个月后，轮到李一郎去当兵时，他全家和林美雅来送他。他抱着林美雅哭了好久，一个劲地说：“你一定要等我回来。”林美雅抽泣地说："你一定要平安回来。"

等到无情的开车铃声响起，他都还只顾着跟林美雅告别，忘记还有妈妈在旁边哭得跟寡妇死了个儿般。

入伍前几个月是新兵训练，先入伍的蔡俊明和后入伍的李一郎都领教了陆战队的艰苦，每天不是滚得满身泥巴灰头土脸就是满身汗渍结晶；太阳还没升起时，就在外面操，操到天黑，吃完晚餐继续操，睡到一半可能还来个紧急集合，操到最后每个人都黑得跟木炭般，像机器一样麻木。

一入伍，剃完头之后，就已经被去个人化，不再是蔡俊明或李一郎，只是有一个数字代替的阿兵哥，长官叫你做啥就做啥，东西倒出来再放回去，倒出来再放回去，不断地重复上一动作，如有丝毫做错，被臭骂一顿算幸运；长官心情不好的话，当场被揍也是家常便饭。长官们就是要玩你，每一个新兵都觉得连上的长官根本就是变态。

新兵训练后是分派下部队，新兵菜鸟总以为脱离了新兵中心就是解脱，从来不晓得更可怕的在后面。本来以为已经脱离十八层地狱，下了部队后才知道又跌下第十九层。对于新兵来说，原本以为新兵中心的长官是鬼，到部队后，来自学长还有连上长官的压力比体能折磨还可怕一万倍不止，他们是修罗。

"兄弟，你也在这儿哦！"李一郎无意间在营区内遇到蔡俊明，像在大海中抓住一根稻草一样热情。

"看到学长是不会叫学长好哦，给我站好！"蔡俊明眼露杀气，瞪了李一郎一眼。

李一郎吓了一跳，心想难道当兵没两个月人就会变成这样，不过还是很条件反射地立正，战战兢兢大喊："学长好！"

“真乖真乖，学弟好，哈哈，兄弟，别那么严肃嘛，讲玩笑话。”蔡俊明突然又变回往常那个嬉皮笑脸的表情。

“干！欠揍，多当兵两个月就学会摆老了是不是，也不想想以前我是怎么罩着你的。”

两人在短短相聚的时间又好像回到以前那种打闹的日子，这对难兄难弟先后被分发到野战部队，就算是不同营，能在这个地方相遇也算是艰苦度日中的一点安慰。部队弟兄来自四面八方，同乡的也不少，但是有些话跟他们还是说不出来，所以他们一有见面的机会，就混在一起，你一言我一言，聊些有的没有的，就算是没有意义的搭腔，也让孤单的心情好过一点。

海军陆战队的队徽是个地球，地球中间是秋海棠的中国大陆，上面是蓝底的青天白日圆，地球后边有个海锚，其实明眼人一看就知道是学的美国海军陆战队队徽。

某次，两人在营站福利社遇到，聊起这个话题。李一郎指着墙上的队徽，说：“那个是大陆，为什么不是台湾？”

蔡俊明果然书读得比他多一点，知道他无心之言的严重性，心头一惊马上要他闭嘴，还好福利社够吵没人听到，他大声说：“因为我们要反攻大陆！让青天白日照耀在大陆土地上啦！”

两人都想到，前几天的一次集合，有个不知道哪里来的将军到营区视察。整个营区官兵都在集合场列队接受校阅，那位指挥官上台，用着不知道哪一省的口音，训了好久话。当天烈日当头，台下士官兵苦不堪言，但屁都不敢放一个。

“各位弟兄，等反攻的号角一响，我一定带各位打回大陆老家！”训话末了，将军语气高亢激动地说。

那些已经都快成老油条的外省军士官，本来听那么久的训，心里根本是在茫茫的入定状态，一听到这句话，突然间如同被电到一样，都激动了起来，有几个强忍着脸上的抽动，不让泪水流下来，不是本人也分不清到底是汗水还是泪水。

“老家，恁爸我老家是台中沙鹿啦！”李一郎在喊完口号，稍还嘈杂的时候不以为然地窃窃私语。前后左右班兵听到了差一点要笑出来，可是大家都知道，笑出来就惨了。

就在前阵子，有一次比较大的裁军，或者不应该说裁军，就是把大陆带过来的那批下层军人中的老弱病残强迫退伍，剩下还健壮的继续当兵不准退伍，通通升为士官。至于兵的部分，就让台湾本省青年充员，所以部队里有个现象，军士官几乎都是外省人，从大陆来的，而一般兵除了跟着父母从大陆来的，大部分是台湾本省人。

在蔡俊明和李一郎还有许多台湾兵眼中，一直都很怀疑这些外省长官是不是心理有些问题，动不动就对兵拳打脚踢，兵敢怒不敢言，好一点的自己吞下去，坏一点的用同样方法去欺负学弟。台湾兵从不怀疑这些长官的战训本务，在作战技巧上他们个个都是专家，都是铁汉，不过就是不知道他们会想出什么新花招来玩兵，所以还是对他们敬而远之好点，不要被他们点到名。

有一天晚上，夜间课程比较轻松，排的是军歌教唱。唱了一连串雄壮威武喊打喊杀、杀气腾腾的军歌后，接着教唱了一首《长城谣》：

万里长城万里长，长城外面是故乡，高粱肥大豆香，遍地黄金少灾殃。

本来军歌教唱这种课目，那些老油条士官都是唱得不想再唱了，任由兵坐在前面去跟教官唱，自己一群人坐在后面聊天发呆打瞌睡，可今天不知道怎么搞的，《长城谣》一唱，尽管唱得五音不全，涣散又没情感，坐在后边某个被兵私下称为“歹猪”，总是爱恶整兵的士官长不知怎么突然就哭了出来。

“俺想俺娘啊！娘啊！”那是一种奇怪的呜咽，先是号啕大哭，接着是鬼哭狼嚎。

歌声被打断，兵们无法置信地回过头来看，一个长得跟屠夫流氓一样凶恶的士官长竟然哭得跟小孩一样。

士官长发现自己的失态，忍住伤心，快步走出门外，丢下一句话：“你什么歌不好唱，唱他妈的万里长城万里长。”

其他长官好像也见怪不怪了，连长说：“老头又喝酒了是吧！”引来其他人哈哈大笑。

就在当天深夜，宁静的营区，和往常一样，除了几声狗打架的乱吠，万籁俱寂。

蔡俊明排到深夜两点到四点的卫兵，这是大家公认的衰哨，睡到一半还要被挖起来，非常扫兴。

在一个人的哨上，蔡俊明站得不是很专心，眯眼、打瞌睡、发呆样样来。

就在他打瞌睡，头又要点下去时，一声凄厉巨响，“砰”的一声划破了整个营区宁静的夜空。

蔡俊明顿时吓醒。“共军登陆了？”他第一反应是要按下警铃，但根本还不等他按下，营区各个哨所的警铃已同时大作。

“紧急集合！”营区的大喇叭响起。

歹猪死了，上头说是他夜间查哨时枪支不慎走火，直接命中要害部位。

“反攻大陆”演习事故

除了每天例行的操课内容：单兵战斗、班攻击、排攻击、日夜射击训练外，陆战队的重头训练课目就是抢滩登陆训练。陆战队所使用的两栖登陆装甲车LVT，是美军在二战后退役下来的，有些人叫它水鸭子，私下叫它铁棺材。

一辆登陆车搭载二十几名官兵，登上后挤在一个狭小的空间，有一种说不出、让人窒息的压抑。与所有的陆战队员一样，蔡俊明与其他弟兄模拟抢滩状况不知道多少遍，就连做梦都会背流程，只不过真正坐上登陆车时，整个气氛说不一样就是不一样。

他第一次乘登陆车那天海洋气象不安分，车子载沉载浮地前进，里面的兵坐着摇来摇去，油烟味、海水味、汗臭味，再加上通风不良，不仅外面海浪翻腾，每个人的胃也跟着翻腾，有人呕吐了，在这复杂的气味中又多加了一味。老兵看起来淡定许多，新兵满脸惊恐的表情掩饰不住，而所有人在昏黄的灯光中都默默不语，只有轰隆轰隆的引擎声还有不断传进来的无线电通信声。

舱内严重积水，每一个起伏后，海水就从上面打进来，更多的海水是从那看起来好像不太牢固可靠的前舱门渗进来的。蔡俊明为了转移恐惧，学机械的他看看舱内构造，舱门的胶圈都已经发黑，有点松弛现象，这橡胶零件总是处在冷热交替中，常常被磨损，又不更换，漏水是当然的。

李一郎第一次坐登陆车却是另一个样，从一坐进去整个人就处于亢奋状态，一直问旁边学长这是什么那是什么，就连波浪打过来严重摇晃，他都要大声呼叫一声。

他为了压下那种既亢奋又紧张的心情，竟然默默唱起了陆战队队歌：“为海军收战果，为陆军作先锋。空中炸弹、舰上炮声、轰隆隆隆隆。水上策飞马，滩头建奇功，男儿到此最豪雄。”

就是那句“为海军收战果，为陆军作先锋”，总让他特别激动，会让人热血沸腾，好像自己是英雄似的。他甚至幻想这一刻已经是在反攻大陆了，等到舱门一开，会见到很多已经配合起义的大陆同胞挥舞着大旗欢迎他们。

他沉浸在幻想之中，不自觉地傻笑，唱起陆战队队歌来，越唱越大声，引来其他人侧目。同车一位官校刚毕业的排长见他唱得那么忘我，就要全车弟兄一起跟着唱以振奋士气，结果菜鸟倒是唱得很大声投入，老兵就动动嘴巴虚应一下。

从登陆车驶出登陆舰，跌入海中开始，简直就是种煎熬，一直到感觉履带明显有触地的刹那，心中的大石头才放下，松了一口气。

登陆车登陆目标区，前舱门开启，光线射进舱内，让人有一种恍如隔世，又活过来的激动。

舱门一开，海陆弟兄不顾一切地跳到水中往前冲，到处杀声震天，有卧倒在沙滩上开枪掩护的，有继续冲锋的，沙尘滚滚，推进到集合点，最后在长官拿着大喇叭喊、各种口音的臭骂声中结束。

当兵一段时间后，几次的抢滩演练下来，原本紧张的蔡俊明和亢奋的李一郎都淡定了许多，慢慢开始用一种看好戏的态度看第一次乘登陆车的菜鸟。

“搞得整台车像是从菜市场里开出来的，都是菜味，什么都不会，只会在那边哭爸哭妈。我们是什么队，我们是不怕死、不怕难的海军陆战队，这菜鸟像什么样。”李一郎鄙视地说。

“学弟，你自己现在不菜了就敢这样说了，开始摆老了哦，是有多老啦！”蔡俊明亏了他一句。

“没有，没有啦，学长，在学长面前怎么敢摆老，只是帮学长管好学弟而已啦！”李一郎打哈哈谄媚地说。

蔡俊明递给李一郎一支烟，说：“你想想看，有好几次感觉整台车都要翻掉，吓得要死要活，又不能让学弟看出很怕的样子。每次等到舱门打开才松了一口气，好像又捡回一条命一样，要是真的翻了那怎么办。”

“真的翻了，除了上面车长逃得掉，里面的人都稳死的，逃不了。”李一郎哈了一口烟吐出来后，两眼无神地望着远方，心不在焉地说。

“你死了，阿美就归我啦！学长我会好好照顾她的，你安心去。”蔡俊明拍了拍李一郎。

“你才沉下去啦！我会照顾你妈啦！”李一郎学了士官长的口音骂了一句。

李一郎从入伍开始，只要有时间就给林美雅写信，内容不外乎赤裸裸的感情表白，比如“老婆我好想你”“老婆我昨天又梦见你了”“老婆抱抱”。林美雅回信也总是“你什么时候才能退伍”“我想你想得都快哭了”“好好保重自己”之类的话。

当兵一阵子后，李一郎开始写些抱怨的话：“班长好凶，当兵好苦”“我想逃兵回去看你”“学长很坏，压力很大”……林美雅则会回“好好当兵，锻炼身体”“男人不要怕压力”“当兵才是男人”。

又过了一段时间，换林美雅抱怨了：“我难过的时候你都不在身边”“我压力好大你懂不懂”“你能不能常常回来看我”……李一郎看了这些文字，心中总是不知道哪里升起一团无名火：“我不在你身边你这是怪我吗？”“你压力大难道我压力不大？”“你男人我在当兵，你以为我想走就能走是不是？”“我当兵已经够烦了，你还来烦我……”他总是这样想，越想越气。

蔡俊明当然也会给林美雅写信，一来，在苦闷的部队里有个女人给你写信还是挺开心的，大家都有写信的异性对象，自己没有岂不是很丢脸；二来，他心中总是对林美雅还有些蠢蠢欲动的小想法，所以只要林美雅每次信中一句小小鼓励的话、安慰的话，他就高兴得快要飞起来了。

在蔡俊明写给林美雅的信中，当然没有像李一郎那样直接而热情的文字，比较多的是他在部队里的所见所闻，还有心中的感想抒发。林美雅接到他的信也挺开心，透过他的信，她也从侧面知道李一郎在部队里大概过着什么样的生活。

比起李一郎的抱怨，蔡俊明除了偶尔也抱怨一下外，他的信里谈部队生活，谈外省长官，谈学长，还谈一些发生的趣事。这让林美雅慢慢觉得，李一郎就像个小孩子一样不成熟，只会怨天尤人；而蔡俊明成熟多了，更像一个有担当的男人。

林美雅开始在信中向蔡俊明发牢骚，她觉得李一郎不能了解她心里的难受，她是那么想念他，期待他的关心，就算是一点点就好，可是李一郎越来越不当一回事，反而还骂她，这种委屈不知道该跟谁说才好，希望同样在部队里的蔡俊明告诉她，为什么李一郎当兵之后会变成这样。

蔡俊明看了林美雅的诉苦，自己也难过，他觉得李一郎太不应该，不去好好安慰自己的女人，还让她痛苦。不过他每次只要看到他们之间又有矛盾，都有一丝丝萌动浮起，遐想越想越多，但这种念头马上又被“义气”的想法给消灭了，觉得自己真不可取，所以他也只能继续不断地在信中安慰林美雅，要她别想太多，一切都会没事的。

但这样，又让林美雅感动，觉得蔡俊明是关心她的，而李一郎越来越冷淡了。慢慢地，她很多事只跟蔡俊明说，给李一郎的信越来越像是例行公事，越来越乏味。

李一郎感受到林美雅在信中态度的明显转变，心里焦虑，一团乱，他不知道林美雅为什么会变成这样，看到部队里许多弟兄都被女朋友甩了，他忍不住也胡思乱想起来：“该不会她爱上其他男人了吧！”“不会的！”他总是用当初车站离别时，林美雅说的“我一定会等你回来”的誓言来说服自己，来压过她可能变心的不祥念头。

他只能找蔡俊明聊这件事，否则也不知道该找谁了。

“女人哦！只要上了她就是你的了。”

蔡俊明在一次次与林美雅的写信往来中，其实已经有种隐隐约约的暧昧想法，并且越发强烈，可是兄弟求助，他总不能说什么。他一副对女人很有办法的样子，以说大话的口气给李一郎出馊主意，只不过每句话好像都在给自己心窝插刀子。

李一郎一向听蔡俊明的主意，听得不断点头，觉得有道理。

好不容易得到一次难得的恳亲假，李一郎迫不及待地回去见林美雅，要把她的心抓回来。这下换蔡俊明坐立不安，他一直在后悔，气自己，这些主意真是烂，只希望李一郎那笨蛋搞砸。

收假后，蔡俊明又见到李一郎，他容光焕发得好像变了一个人似的。蔡俊明试探地问他们如何了。李一郎自信骄傲地对他比了一个大拇指。蔡俊明看了，强颜欢笑地捶了捶他的肩膀，说：“行嘛！”但脑袋像是被揍了一拳，晕晕的。

蔡俊明内心开始抗拒李一郎，渐渐与他疏远，只是李一郎还是有事没事就兴冲冲地跑来找他。对李一郎来说，当兵再辛苦，长官再畜生都已经没关系，只要他女人还爱着他等他回去，一切都无所谓了。

直到有一次，李一郎又来找蔡俊明，一反最近的兴奋，改之是一副天要塌下来的沮丧死样子。看到他远远走过来就是心不在焉满脸愁容，还不等蔡俊明问怎么回事，他就把林美雅的来信丢给蔡俊明看。

“我好像有了，我好害怕。如果我爸妈知道了该怎么办，你说该怎么办……”

蔡俊明才扫到了这几个字，脑袋里线路好像“啪”的一下瞬间断裂，狂吼了一声冲上去。李一郎还没反应过来，就被一记重重的拳打倒在地上。

“你怎么可以这样！你怎么可以这样对她！”

蔡俊明嘶吼着，对着躺在地上的李一郎疯狂地又踢又打，直到被其他弟兄拉开。

李一郎并没有想太多，自知理亏，被揍是应该的，这一拳倒是把他给揍醒了，他开始想怎么办，日日夜夜都茫然睡不着。事到如今，只好面对现实了，他将这事告诉家里，看看要怎么解决。

李家父母知道这件事气坏了，尤其是李一郎的母亲，暴跳如雷。她从来就不喜欢林美雅这女人，她就只有这么一个儿子，从小就呵护着他，好不容易儿子长大了应该开始体会父母的苦心，与父母更亲近时，突然出现了一个林美雅，儿子的心都被这个骚货给牵走，竟然还勾引我家的乖儿子。她只接受她自己安排的媳妇，不容许其他意外出现的女人，尤其像林美雅这种骚货。

可是李母又想到，把别人家闺女肚子搞大可不是小事，对方家会善罢甘休吗？有什么父母就有什么女儿，要是林美雅她家一闹，风声一走漏，镇就那么大，这种事肯定传得特别快，以后走在路上被指指点点的多没面子。她越想越沮丧，她想算了，干脆快点办一办，反正儿子还有一年就要退伍，以后再来收拾这个女人也不迟。

林美雅的父母知道这件事后气得简直快要中风，好不容易养大的女儿被个野小子给“开”了，起了一场不小的家庭风波。其实她父母气的不只是这个，因为林家经济条件本来就不怎么好，想着把女儿培养到读高职，学历够了，就可以出去赚钱补贴家用了，没想到竟然发生这等荒唐事，怎么想都是又给家里添个压力，但他们又转念一想，李家经济能力也还可以，也许女儿嫁了过去，还有个好照应，想到这儿也心不甘情不愿地答应了这门婚事。

李一郎与林美雅的婚事就这么定了下来。两家人都想赶快办一办免得闲言闲语，于是日子就定在李一郎下次放假的时候。

又到了一次抢滩演习，本来像蔡俊明这种还有半年多就退伍的老鸟已经不当一回事。

“不然还要怎样？”

这想法是老鸟自以为见多识广的感叹。他蹲在操场旁的草地上抽烟，想都已经两年多了，反正再抢着一百遍一千遍还是同样的滩头，也不会是大陆的某个滩头。

可是事情常常就不是他想的那样。这次演习开始前一阵子，就一直在不停演练，再演练，强度比以前更大。原来这次演习，“蒋总统”还有美军顾问团要来参观，所以各级长官丝毫不敢大意，个个皮都绷得很紧，本来他们对老兵有时会睁只眼闭只眼，但这次似乎反常，老兵新兵一视同仁。许多老兵苦不堪言。

演习前一天，所有参加演习的部队，包括车辆，集合在校阅场接受指挥官训话。

指挥官一上台，凌厉的视线扫射了全场官兵。

“你们明天操演谁出错，就通通拉去枪毙，完毕！”

说罢指挥官转身下台，简短有力，全场官兵听得一身冷汗，没人敢放一个屁。

说来诡异，第二天早上登陆舰出海时还是晴空万里，但接近操演开始，突然天色转阴，狂风大作，波涛随之汹涌，海洋气象极差。

轮到蔡俊明这一波次。他坐在登陆车内，从开出登陆舰入海那一刻的颠簸起，坐在车内也能明显感觉海浪一波波打过来的威力，好几次车子差点都要翻过去，就连老兵们都发觉这次不太妙。连长这次坐在同一辆车内，表情也是铁青。

不能说是积水了，根本已经淹到小腿肚，海水还是一直从门缝渗进来，从头顶上打进来。蔡俊明开始有种绝望感，心想，只剩下半年多就要退伍了，难道会死在这里，只希望车子快点触地。

无线电的联络似乎比以前频繁，车长也一反常态，好几度神色慌张地与连长低语。这一切似乎都透露着什么不寻常，蔡俊明瞄了连长一眼，连长咬着牙，脸色更凝重铁青了。众人看连长的脸色不对，心中极度不安。

直到登陆车触地的刹那，全车的人好像都要哭出来一样在欢呼。登陆车开上滩头后，舱门一打开，大伙往外冲，就连“杀”的声音都喊得特别大声，好像是用了生命的力量大声喊出来的。

一切都释放了，这次结束之后到退伍应该不会再有大的演习。蔡俊明卧倒在地，把头埋在沙子里。

操演结束，也有不幸的消息传来，有登陆车在这次操演中翻覆灭顶，但在两年多的陆战队生涯中，每次演习结束都会听到这样的消息，蔡俊明已经麻木，因为过一天就要放假，他什么都不想管了。

第二天，蔡俊明从陆战队驻地所在的高雄坐火车北上，回到老家已经是深夜了。他拖着疲劳的身体走在镇上那条熟悉的马路上。

深夜的镇上一片昏黑，只有前面一间房灯光大开。他觉得不寻常，再往前一看，是李一郎家。

他心想不妙，肯定有事，遂快步上前探探。

才到门口，李一郎的母亲看到蔡俊明，就疯了似的冲向他来，大哭大叫。

“你为什么不救他？你为什么不救他？你不是他学长？你为什么不救他？为什么是我囝不是你们啊？”李一郎的母亲紧紧地抱着蔡俊明号啕大哭，尖叫着疯狂地打着他的背，然后哭倒在他脚下。

蔡俊明像被电击一样待在那里，连话都说不出来。他望着李一郎的父亲，他父亲红着眼眶向他点头，一句话也没说。原来李一郎的车翻覆了。

蔡俊明第二天去看林美雅，两人相见什么话都没说，就是抱在一起大哭，哭到泪都干了还呜咽着。

失去儿子的李母，更恨林美雅了，好几次林美雅要去看她都吃了闭门羹。她觉得就是这贱货克死了李一郎，否则怎么刚要结亲家就发生这种事。早就要李一郎别跟这贱货在一起，从他们在一起后就没好事，现在竟然又被这娘们给克死了。她就只有这么一个儿子，现在就这样莫名其妙去了，要怎么跟李家祖宗交代。

林美雅每天像个行尸走肉般，万念俱灰。婚事办不成了，越来越大的肚子该怎么办，现在拿掉已经太危险，林美雅常常浮起一个念头，让车撞，还是跌倒让孩子流掉算了，这样一切都结束了。

蔡俊明要回部队那一天，林美雅来送他，两人什么话都没说，就这样，林美雅看着他上了火车。

两人隔着窗凝望对方，待开车铃尖锐地响起，列车缓缓启动，林美雅心里突然有种强烈的念头，她害怕蔡俊明也就此远离，她一步步地追着火车，想要再看蔡俊明一眼。

在火车上的蔡俊明举起手来指着林美雅，大喊："要等我！"

发生那么大的事，整个营区气氛一片低迷，尽管这种事不是第一次发生了，但如此严重还是让人心有余悸，每个人都觉得捡回了一条命。对于这种事，蔡俊明本来也觉得没什么，反正别人家的小孩死不完，可是今天死的是他从小的好兄弟李一郎，他人生中第一次深刻感受到，有某种东西从他生命中消失了，而且永远都消失回不来了，以后哪里还能找到这样的朋友呢？

那些沉在海中的车，后来随着海流和海床地形的改变，在美军协助下才捞起来。有些弟兄被派去支援后续处理，回来后精神几乎要崩溃。那个画面太惨了，车内遗体都已经肿胀得不成人形，许多还被鱼啃得残缺不全，据说附近棺材店的棺材都被买光了。在车内还有许多深深的刮痕，那是人临死之前最后的疯狂挣扎，用手指去抓车体，想要挖出一个洞逃命。看到这番情景，没有人敢去想象那个恐怖的画面。

一天深夜，大伙都睡得跟死猪一样，打鼾之声就如交响乐此起彼落。但有一阵痛苦的呜咽声，从小变大，从寝室的某个角落传出。

“对不起，对不起，我没办法救你，真的不是我的错，我救不了你，对不起……”

这诡异的大哭声把全寝室弟兄都吵醒了。蔡俊明睡眼惺忪地往那里一看，原来是他同梯阿吉。阿吉被旁边的人摇醒，看见整个寝室的弟兄都看着他，竟然放声尖叫起来。

“那个声音一直在我脑子里啊！你们没听到，不知道那多可怕，我真的好想把耳朵挖掉……”

原来阿吉是登陆车车长，在事故那天，他从无线电中听到整个事故的过程，一辆一辆沉没的车内，弟兄们呼天抢地在求救，从哀号、尖叫、咒骂，到绝望喊爹喊娘，最后什么声音都没有了。

阿吉边哭边抽搐地说着，所有人听了都静了下来，不再抱怨他扰人清梦。

那一夜，很多人睡不着，都怀疑起了“反攻大陆”。“反攻什么大陆，我又没去过大陆，又不知道大陆什么样子，又不是我的大陆，是长官和‘蒋总统’的大陆，反攻大陆关我什么事，不值得，真是不值得……”很多人开始这么想，只是没有人敢说出来。

剩几个月就要退伍了，连上长官对他们这些老兵也是睁只眼闭只眼，彼此倒也相安无事。就在他退伍前不久，听说林美雅生了一男娃，取名志豪。

私奔，创业

待他退伍回乡后，第一件事就是到李一郎墓前上香。

墓碑上的照片还是熟悉的那张脸，只是里面躺着的年纪永远都停留在那一天。

他点了四支烟，插了三支在李一郎墓前，剩下一支自己抽掉。

“我要把阿美带走了。我现在告诉你，不管你同不同意，我都要她。”

蔡俊明蹲着抽烟，往地上掷筊，是两阳面笑筊。他看了皱了皱眉头。

“你也想一想，她一个人带小孩那么辛苦。那是你的儿子，难道你愿意他从小就没爸爸可以叫？还是你想他叫一个陌生男人爸爸？除了我，没人照顾得了他。我今天来不是求你同意，看在兄弟一场，我告诉你真心话还用神明礼数掷筊，已经是给你面子。你最好是同意，就算你不同意我还是要她。”

再次掷筊，是一阳一阴圣筊，看来李一郎是同意了。

他若有所思地望着地上的圣筊许久，说：“以后我会认真生活，连你的份一起活下去。”

蔡俊明要娶林美雅这件事在小镇上传得沸沸扬扬，尤其是不说闲话就活不下去的三姑六婆们，总是如亲临现场般添油加醋，什么克夫啦，朋友妻不可戏啦，还有什么三人奸情啦，什么揣测、难听的话都有。

这事没有人看好，本来都还只是茶余饭后的话题，但没想到第一个跳出来反对的竟然是当地民众服务社的主任。

“我说你年轻人就是不懂得大局。你想想，阿郎是怎么死的，唉，说错了，是怎么牺牲的，是在演习中牺牲的。你也当过兵，演习视同作战你也懂吧！在作战中牺牲就是为党国捐躯，就是烈士……”

听到一半，蔡俊明怒气爆发几乎要掀桌，可是那主任还是自我陶醉地接着说下去。

“你也是读过书的，跟那些粗人不同，形象你懂吧？你想想，阿美虽然没过门，那她也算半个烈士遗孀，孩子是烈士后代。你替她想想看，女人最讲求的就是贞节，哪有烈士遗孀改嫁，还那么快马上就嫁的，传出去不仅她名声不好，镇上名声也不好。阿郎是烈士耶，这是污辱烈士，你要‘国军’的形象往哪里摆？”

要不是家人拉住蔡俊明，那主任恐怕要被抬着出去了。陆战队刚退伍的蔡俊明还长得孔武有力，恐怕没有人想让他揍上一拳。

“年轻人不要太冲动，我好意劝你要听，否则我也帮不了你，后果自己负责！”主任溜走之前还加重语气放了狠话。

蔡俊明父母无论如何也不能接受，甚至想办法把他关在家里不让他去找林美雅。

“你想当别人的免费父亲是吧？我知道你情深义重，对兄弟有情有义，不过这也太过了吧？哪有年轻人会想娶别人开过的。你是男人就要有气魄，女人要自己找，不要别人用过的。”

“你爱阿美没有错，但是她不会全心爱你的。她一生都会记着一郎。我也是女人，我懂女人，你只不过是她想找的依靠而已。”

他竟然想不出什么话来反驳父母。父母字字句句都讲到他心里的痛处。

听到蔡俊明想要娶林美雅的消息，李一郎的母亲也上门拜访了。

“哎呀！我们家阿美多亏有你对她那么好，真是她的福气。你看镇上哪一个女人有那么好福气，有一个男人全心爱着她，要是阿美跟着你一定会幸福的。”

“你想说什么就直接说，别绕来绕去。”

“你也知道啦！阿美这个孩子虽然乖巧，但是一直很不幸，唉……我家一郎没能给她幸福，我们也不想见到这样。我们李家就只单传一郎这孩子，本来全家可以一起快快乐乐过日子，今天香火就这样断了，我实在对不起李家祖先上上下下。从那天开始，别人怎么看我们李家怎么看我，你了解吗？说实在点，别人怎么看我都没关系，但我们两个老的也要替自己想想，女儿嫁出去就是别人家的，以后谁来替我们送终？所以我想，你以后好好照顾阿美。年轻人应该有新的生活，不要被什么拖累了。阿美的囝也算是我们李家的人，还是唯一的香火，不如认到我们李家门下，这样也算对我们李家列祖列宗有个好交代，也不会影响到你们年轻人的新生活。”

蔡俊明心里起了一阵强烈的嫌恶感，以前这娘们是怎么对阿美的，现在倒好，反过头来讲得冠冕堂皇，真想叫眼前这女人有多远滚多远，但他瞪着这女人，脑子里想到从小这阿姨也照顾他不少，这几个月，她突然苍老了好多，态度又如此可悲无助，叹了口气，心里的气一下消了很多。

听到李母这样讲，蔡俊明心中的确有些动摇。如果他要跟阿美在一起，只要这个小孩在，李一郎的阴影就永远存在于两人之间。李母讲话态度虽然可鄙，可也讲到重点了。这些年纪大的人讲话怎么都那么厉害呀！不管是父母还是李阿姨，每句话都挑到他心里那几根最敏感的神经。

蔡俊明试探地问林美雅，林美雅坚决不同意。

“这囝是我生的，是我的骨肉。他们说那是他们家的香火，在我怀他的时候，他们把他当作是香火来看了吗？从来没有来问过我一句。真可恶，我从来没有看过那么可恶的一家人。他们怎么可以这样不要脸，如果我今天生女，那他们还会那么在意吗？”

以前的林美雅，总是别人说什么就是什么，可经历这段时间的折磨后，个性坚强了许多，更敢说出自己心里的话。

一连串的想法让蔡俊明痛苦地想了好久，他试着说服自己，不要每次一遇到麻烦就退缩，何况这算什么，他是真的爱阿美的，阿美这段时间受的压力不会比他小，她都挺过来了。他是陆战队退伍的，什么痛苦都挺过来了，这点小事（真的是小事吗？）算什么，一定能克服。

不知道为什么，他突然想到歹猪士官长那一夜的号啕大哭，歹猪跟他阿母已经有十几年感情了，被迫分开所以大哭。如果阿美的孩子从小就没有母亲，那就等于永远没有母亲了；如果让他在李家长大，那娘们肯定从孩子小时就开始讲阿美的坏话，那结果会是怎么样……他绝不让这种事发生。

一不做二不休，于是，一天半夜，蔡俊明和林美雅带着孩子，三个人搭上一辆路过的列车北上，没有人知道他们去哪里了。

“对！就像以前电影里那样的私奔场景：我在月台上等她，昏暗的灯光下，只有我们两个人，我看你，你看我，想说以后我们只有对方了。过路车停下，上车，车门关了，以前的一切都与我们无关，我们要去寻找我们的新生活。呵呵，现在交通那么方便，年轻人哪会理解那种感情。”

这个故事是蔡老板的。前不久他兴冲冲地请我吃饭，要我把他的故事写下来，说什么等到我出版时，要烧一本给李一郎看。

我心里暗道："烧我的书呢！"不过还是赔笑了几下。

"我看故事就写到私奔那晚就行了吧，这样才有不完整的凄美感。我也读过很多小说，觉得这样的结局最好。"蔡老板如此建议。

之前听完蔡老板的故事，我花了一些时间把它写成一篇小说，写完之后先给他看一眼。他看了之后，对自己在故事里成为一个深情的男人还挺满意，忍不住也指点起我要怎么写，该怎么改。

这中老年男人，仿佛只要有人跟他聊过去，这话闸子就像关不上的水龙头一样，非要讲到他过瘾才肯罢休。

"你们年轻人哦！就是要多学学以前台湾人的创业精神啊！你看现在年轻人都是草莓族，每一个都只想开咖啡店，这样台湾哪有前途。你经常在大陆也知道，现在大陆年轻人多拼多想抓住机会，台湾年轻人再不努力就会被干掉了。

"你想不想听我怎么创业的？以前我跟我老婆刚到台北时，台北处处都是机会，可是生活压力比乡下大很多。我们在火车站铁路边租了一个小房子，第一个月的房租还是先欠着的。我一心想没有回头路了，死也要把这个家撑下来。我第一个工作是模具加工，每天工作起来没日没夜；我老婆则拿了一些代工回家，一边做家务，一边带小孩。住在铁路边，火车来来往往经过，每次噪声及震动都让孩子哭一遍，她总是一边哄孩子一边担心做不完，想尽办法挤出时间多做几个代工品。有时候我比较早回到家，吃好饭也继续帮忙组装代工品一直到晚上睡觉，每天都这样。

"几年过去，我存了点钱，买了间房子，又抓住机会，自己出来做，搞了个小代工厂，总算能够让老婆儿子过上比较好的日子，也总算敢再继续生第二个第三个。”

蔡老板越说越起劲。这也提起了我的兴趣，这些中老年人就是喜欢年轻人向他们请教。

“蔡董，那我请问您哦，后来你有没有再回乡去？”

蔡老板一听，哈哈大笑道：“唉……就说你们年轻人真是不懂人情世故，你活到我这个年纪就知道为这种事生气没意义。这当然要回去了，激动是一时的，亲情才是永远的，冤家宜解不宜结嘛，不然你说你把人家女儿拐跑，孙子带走，人情义理上都说不过去。

“那时候，这个孩子一天天地长大。好几次，我都听到老婆忍不住脱口说出：‘越来越像一郎……’但又发现失言而打住。我又怕伤她的心，只能假装没听到。有时候我抱着这囡仔，脑子里常常闪过李一郎在登陆艇里挣扎的片段。我当然不想再想这些事，只好用小时候跟李一郎一起玩的回忆盖过那恐怖的想象，可是越想用童年回忆盖过这个念头，就越真的觉得孩子像李一郎。”蔡老板继续说。

“直到有一天黄昏，我累得跟狗一样回家，在门外就听到炒菜声，香味扑鼻，夕阳洒在卷起短袖煮饭、满身大汗的老婆身上，收音机传来黄梅调歌曲，旁边桌上还摆满了代工品……哈哈，这样描述是不是很文艺？

“囡仔看到我回来了，就努力从椅子上爬起来，滚到地上，一颠一颠地向我跑过来。他叫一声：‘阿爸……’我那时一听见那声‘阿爸’，鼻子一酸，忍不住就蹲下来，抱着孩子大哭。我就想：‘我还求什么呢？那又如何呢？这一切都值得了。’结果这死囡仔看到我哭了，愣了一下不知道该怎么办，跟着也大哭起来，还吐在我身上。

“后来第二个第三个都出生了。三个孩子的爸爸，自己觉得以前父母养我那么大，真不容易，出来好几年家里一点消息都没有，也不知道父母怎么样了。有一天晚上，把囡仔安顿好后，我和老婆两人躺在床上聊着，想要给父母寄封信联络一下，但不知道怎么聊到了歹猪士官长。

“我老婆听了想一想，说：‘歹猪士官长一个人就这样死在台湾，他家乡的亲人还有母亲根本就不知道，以前只看到他想他妈妈，可是远在家乡还有一个天天盼着他回家的母亲，她也一样想着她儿子。’

“不知道为什么，那天晚上讲的这些话我一直记得，我也回问她：‘到底是知道自己儿子已经不在了，死了这条心这样踏实，还是不知道死讯，继续期待比较幸福呢？’……”

“蔡董，打断你一下，前几年有个‘国光计划’解密。这个计划就是老蒋当年反攻大陆的军事计划，里面就有记录陆战队演习的几次意外，看来陆战队当年没打仗也死了很多人。”他一提到士官长，我想到了这些事，打断了蔡老板的话。

蔡老板低头沉思了一会儿。

“说到这个，到台北几年后，有一次我在路上遇到了当年在部队里的弟兄，看来好多人都来台北找头路了。我们两人喝酒聊起这件事，我才知道，那一天操演，风浪太大，根本超出了登陆车的作业范围。第一波次一下去，好几辆车就好像下饺子一样直接翻覆沉到水里。指挥官见状，本来想喊停，可是‘蒋总统’在现场视察，‘总统’没说停谁敢说停，只好硬着头继续。每辆车就带着二十几条年轻的生命直接沉到水里了。至于具体是几辆沉了，从五辆到两个波次二十辆都有人猜。

“我听了既愤怒又无力，一直到现在我一想起来都会生气，命都不是命，那天晚上我们两人就这样喝着闷酒，想不到什么更好的形容词，只能说是倒霉了。两个人喝醉了遂开始大唱陆战队队歌。其实嘛，我想大部分弟兄去当兵也不懂什么政治、国家大义、反攻大陆的，到现在还是不懂也不想管。这几年我也读了很多历史书，历代帝王的名言，就只是出一张嘴而已，书上只记着短短一句，可能背后都代表无数人命运的转折。

“不说这个了，我的故事就算你不写出来，我也要说完。第二天，我带全家到照相馆照了一张全家福。我和老婆坐着，各抱着大女儿、二儿子，大儿子站在一旁。

“然后我写了一封信，将信与相片一起用挂号信寄回老家。寄出信后那几天，我们夫妻两人的心情很复杂，希望父母快收到却又有一丝丝期待他们没收到。结果信寄出不到一个星期的某天晚上，我们家的电铃响起，那电铃很少响，所以大家都吓一跳。

“一打开门，是我爸妈。母亲很久不见的慈祥笑容，父亲站在一旁，还是板着面孔一脸铁青，两袋婴幼儿用品，一手提着一手抱着。那天晚上，父亲见到几个孙辈总算露出笑容，几个小家伙左一句‘阿公’，右一句‘阿嬷’，把两个老的逗得心花怒放。尤其让我和老婆感动的是，当父母见到我大儿子时，激动得又亲又抱，还塞一个红包给他。我想，这都已经算圆满了吧!

“那时我才知道李一郎的母亲前不久过世了，只剩下他父亲一个人。我们四人不约而同，轮流叹了好几次气。

“过了不久，我们全家五口回到老家。搭那时候最快的光华号特快列车南下，从台北到台中只要两个多小时而已。有一句话‘近乡情怯’，没有离家多年或远离家乡的人真的很难懂。我坐在车上，差一点就不想回去了。到了台中，再转车回到老家，附近没什么太大变化。回家看了看，又硬着头皮上了老婆娘家拜访。还好过了那么多年，岳父母也谅解了，当然拿小孩出来当一张牌还是很有用，哈哈。

“我父亲建议，我们也考虑了很久，最终还是带大儿子到李家拜访。李家父亲非常高兴地欢迎我们三人，但大家都在避谈李一郎还有以前的事。孩子怯怯地看着老人，老人边谈话也不时地望着他。我那时向李家父亲承诺，等到孩子长到一定年龄，会告诉他所有事，到时候是否认祖归宗，一切尊重他的意思。现在我大儿子也真的认祖归宗，改姓李，可惜李伯没机会看到了。

“很多事哦，多年以后回过头来看，都没什么，人生不必那么计较。我们要离开李家之前，我只是随口对李伯说一句：‘以后我们会常回来看你的。’没想到他老泪纵横，握着我的手，直说：‘感谢，感谢。’还塞了一个红包给大儿子。

“我们在老家住了几天，要走的前一天，我们夫妻两人带着志豪到李一郎墓前。当然那时候也没跟他说那是谁，只说那是对我们家很重要的人。前几年，重新给李一郎捡骨，还是他亲自去捡的。说实话，那么多年我一直把他当自己亲生骨肉来养。他也没让我们失望，很争气。今天他虽然姓李，我也不会觉得吃亏，他永远都是我儿子。

“你现在还年轻，可能会想，人生这样一连串事下来到底有什么意义？我终于跟阿美在一起了，可是这是因为一郎的死才变成可能。他，还有那么多年轻生命的人生，就在那一刻结束，但继续活下来的人到底含有什么生命目的？

“我以前也想过这些问题，但常常无解，所以每次我都用继续工作打断这些想法，干脆把一切都推给时代摆弄，老百姓只能随波逐流。但也许就是人生中有那么重大的经历，所以就算是随波逐流，每一个人也都想紧紧抓住当下的每个小小幸福。

“作家大人，我真佩服我能讲出这些话，你有没有记下来？唉……年轻人要专心听长辈讲话，好了好了，不要一直盯着我女秘书看！”

外岛“兵变”：几代人的集体回忆

对当兵的台湾男生来说，“兵变”绝对是个挥之不去的阴影。现在比较好了，周周有休假，在外岛也是几个月可以回台湾一次。可是以前，一去当兵简直就是与社会隔绝，与外界的联络只能靠写信，而像外岛，连电话都不给打。那种分隔两地的煎熬，没有几个沉浸在爱情中的人受得了。

侯孝贤的《恋恋风尘》中就有这么一个桥段：男主角在金门当兵，天天写信给他在台北打工的女朋友，结果女朋友最后竟然嫁给天天替她送信的邮差。过去，这种荒谬又真实的剧情，不断地在上演。

可说“兵变”，尤其是“外岛兵变”是整整好几代人的集体回忆。台湾很多人喜欢说男人“当兵才会长大”，那么，幻灭是成长的开始，不知道“兵变”让多少人一夕长大，当然，也有不少人走不过这个坎。

我父亲年轻的时候，二十世纪六十年代末，就在金门当过兵。他讲过当兵时发生的一个悲剧，尽管这样的事几十年来在金门前线不停地发生。他也只是短短几句话就带过，只是这故事一直放在我心里，是什么样的环境和人为因素，最终导致了这样的事发生呢？

《圣经 · 雅各书》里有这么一段话：“舌头在百体里也是最小的，却能说大话。看哪，最小的火能点着最大的树林。”《箴言》也说：“生死在舌头的权下，喜爱它的，必吃它所结的果子。”这个短短的故事，恐怕就是这些经文的最好注解。

在同梯弟兄里，阿吉算结婚很早的，十八岁的他已经有一个十七岁的老婆，他骄傲地笑说，当兵前结婚才不会被兵变啦。

同梯们都喜欢阿吉，虽然他总是一副痞样，嬉皮笑脸，至少是开朗的，不令人讨厌。尽管有些人觉得他的开朗并不是真的开心，讲起话来有时也没心没肺，但至少阿吉对人不错，没有心机。弟兄们都在背后总结，阿吉就是那么痞，女人都喜欢痞子，不然也不会连个高中都没读过，只是一个年轻的摩托车修理学徒，就把一个妞搞到手。

在部队移防金门那一天，阿吉的老婆来了，隔着铁丝网目送着队伍里的阿吉。阿吉得意扬扬地指指墙外说：“看！那是我女人。”他向着老婆的方向挥挥手，墙外那女人眼眶里似乎还泛着泪光，也朝着上船队伍挥挥手。大伙看到有年轻小妞往这里挥手，对女人饥渴的阿兵哥也不管认不认识，都起哄一起大力挥手欢呼。

阿吉笑得更开心，心里更骄傲了。

在往金门的船上，弟兄们睡不着，有人就问阿吉，怎么追到他老婆的。

“嘿嘿！女人嘛……”说到这个，阿吉就来劲，他最喜欢弟兄问他这个问题，让他觉得在女人这个领域，他是“专家”一样。毕竟，不是谁年纪轻轻就有结婚的经验，很多男生甚至连女人的手都没牵过，都还是童子，只能通过与这些经验丰富的人打嘴炮来意淫一番。

到了金门，离家好远，台湾来的阿兵哥心情苦闷。金门如同与世隔绝，与台湾的联络，连电话都不能用，只能靠写信。金门的阿兵哥就是邮票多，出去买东西商店找钱，有时就直接找等值邮票给他们，那么多邮票放在身上也没用，所以就用来写信。写信不只是用来打发时间，也用来抒发心中的情感。一次写给好多人，就好像一次撒了出去，总有几个人会丢回来。

接到远方的亲友来信，总是让人无比地感动，如果是女朋友来信的话，那更是莫大的慰藉。常见到有人拿着女朋友的信走进厕所，稍后心满意足地走了出来，当然不可能拿女朋友的信当厕纸，大家都是男人，心照不宣。

而结了婚的阿吉，除了有男女经验这一点让人羡慕外，他几乎天天都会收到老婆写来的信，更是令人嫉妒得眼睛要冒火。

看看阿吉每次都写了些什么："老婆我好爱你，老婆我好想你，老婆我在金门当兵好辛苦，老婆我好想抱抱你，老婆我每天晚上都在想你……"有时候露骨一点会写："老婆我好想捏捏你，老婆我好想咬你，老婆我忍不住想要……"总之，阿吉写的信几乎都是这些，只要重新排列组合就可以，直白得让人脸红心跳又觉得甜蜜。

他每天都会写一封信，然后在信封里面附一张回邮邮票寄回台湾，如果平常没空，晚上睡觉时就用棉被盖住，趴在床上，一只手拿着手电筒，另一只手努力地写字，非要写完才带着满足的表情睡觉。

弟兄们知道阿吉爱老婆，但阿吉毕竟也是个年轻男人，精力充沛而无处发泄，每次放假，大伙一起哄，就跑到军中乐园831舒服一下。在阿吉的“技术指导”之下，很多弟兄在那儿破了十几年的童子身，竟然还有人感动地哭出来了，不知道身为男人，人生竟然还有那么美好的事情。

在金门当兵，到退伍前都回不了台湾，女朋友的“兵变”几乎是理所当然的。早在刚到金门，就有长官警告他们，“兵变”一定会发生，但是千万不要太难过就当逃兵，第一，金门也没地方让你逃，也逃不回台湾；第二，敌前逃亡一律枪毙。虽然话是这样说，因女朋友“兵变”想不开而当逃兵的还是时有所闻。

常有弟兄接到女朋友的来信，信里说她无法再等下去了，甚至有人还直接收到喜帖。一收到这类信，经常是撕心裂肺呼天抢地哭得死去活来，那悲凄程度，恐怕就算杀人不眨眼的水鬼上岸听到了都要为之动容。

在金门孤独地当兵，唯一的精神支柱都没有了，这叫人怎么不难过！只要有弟兄被“兵变”，长官几乎都不给其排持枪哨，就怕他们一时想不开直接拿枪往头上一顶，“砰”一声开花了。

阿吉从来没有这种顾虑，因为他觉得自己已经结婚了，而且他爱老婆，老婆也爱他。只要有弟兄被“兵变”，他常常就以一种悲天悯人的态度，拍拍弟兄的背，表示不要太难过。

虽然表面这么做，但心里想的是：“不过是女人嘛，连等你都不愿意就是不够爱你，再交一个新的就好啦！”偷偷在笑他们傻。

阿吉人开朗，嘴贱也是有名的。

有位弟兄跟一同乡学长特别要好。在学长退伍前，这位弟兄就麻烦学长带点金门特产给他女朋友，顺便报平安照顾一下。结果没想到，过了不久，他收到一张喜帖，他用颤抖的双手打开一看，上面是他女朋友跟学长的名字。

这明明就是一出悲剧，苦主心里又恨又难过，旁边弟兄表面安慰他，只不过都憋着笑。

只有阿吉敢真话亏他。

“探视大嫂，结果探视到床上去了，哈哈，在床上探视得比较清楚哦！你们以后真的算是表兄弟，袍泽情深加兄弟情深，哈哈！”

弟兄们听了哄堂大笑，只有苦主笑不出来。阿吉拍拍他的背说：“啊！女人就是这样啦！”

照例有一天，阿吉收到老婆的来信，没读个几行，就忍不住高声欢呼大叫。

“哈哈！我要做爸爸了！”

原来是阿吉在移防前放假回家的杰作。在信里老婆跟他说，为了给他一个惊喜，故意拖了三四个月才告诉他。

阿吉高兴得不得了，买了一堆零食请弟兄吃，逢人就说老婆怀孕了。看他那么高兴，大伙也跟着开心，这件事让他开心了好一阵子。

他逢人就兴高采烈地说这个好消息。

“嗯，你就确定真的是你的哦？不是你的啦！”突然不知道哪里冒出了一句，泼了他一桶冷水。

阿吉一愣，斜眼转头看，原来是一位学长。这位学长平常也是嘴贱，跟阿吉有得一拼。

“废话，当然是我的。”阿吉生气地说。

“搞清楚哦！不要帮人家当免费爸爸还不知道。”学长故作语重心长，拍拍他的肩，哈哈笑着走掉。

“怎么可能不是我的，我老婆只有我一个男人，我又不像你们，连女人都搞不定。”阿吉暗道。

虽然当下阿吉心里毫无怀疑，但说也奇怪，从学长亏他那天开始，那句“不是你的啦”就一直在他心里面，不时地会蹦一下跳出来。

“小孩不是你的啦！”

“怎么可能不是？”

“当然不是，哪有可能那么准，一下就中奖。”

“当然有可能，因为我厉害。”

“你哪有厉害，是别人厉害。”

“我说是我的就是我的。”

“你确定你那天真的没戴？”

“……都想生了还戴？”

类似的声音越来越常出现在阿吉脑袋里，他越是故意不去想，就越是不时浮现。一天夜里，他睡不着，索性爬起来又写了一封信给老婆。

“亲爱的老婆，你知不知道我真的很想你，好多弟兄都被‘兵变’了，我好害怕你会离开我，你一定不能离开我……”

过不久，这封信的回信来了。

“你好好当兵，不要想太多，我会等你回来的……”

只是从这封信之后，阿吉的老婆几乎有四五天没有写信来了。平常只有船期延误才会有信慢来的事，可是查一查，这几天船班都正常呀，为什么会没有信过来，从来没有过这样的情况，阿吉心里越来越不安。

“上次写给我的信到底是什么意思呢？要我放心不要想太多？

难道那只是安慰我而已吗？”

阿吉又把那封信拿了出来，读了又读，句句字字都想要看透，反复读了好几遍，就是想读出老婆在写信时，到底真实的想法是什么。

他心里开始有点着急。他知道老婆应该不会有什么事，可是又想要老婆给他一个保证。他还是天天写信给老婆，信里一直暗示着不要做对不起他的事，可偏偏这几天又没有接到她的信，就好像一直在对不存在的人讲话一样没有回应。

“老婆一定是生小孩身体不好，不方便写信啦！”他这样安慰自己，尽力想让自己接受这个可能性。

本来他天天都收到老婆的信，收到信的频率之高，大家都眼红了，就连班长都要他做俯地挺身一百下才能拿信。他每天几乎就在弟兄们的起哄下做完这一百下，然后气喘吁吁、高高兴兴地在弟兄们羡慕的眼神下拿信。

但这几天都没有阿吉的信，就连弟兄们都发现了。

“阿吉，你老婆已经好多天没给你写信了哦。”弟兄们都在说。

弟兄们也许只是出于好玩关心一下，本来不说还好，一说，阿吉心里的压力变得更大了。他只能打哈哈虚应几句，借口老婆最近调养身体来带过。

他又爱面子，不敢跟弟兄讲他心里的担心。谁叫他平常一副罩得住女人的样子，要是让别人知道他连老婆的情况都无法掌握，那岂不是脸丢大了。

“小孩不是你的”这个想法，随着不安的情绪，在阿吉心里如涟漪般越扩越大，慢慢地，已经转为一种折磨。

阿吉终于收到老婆的信。老婆说她这几天回了一趟娘家，在家里妈妈帮她补了补，所以没写信给他。

看到信，阿吉的心稍微安了一点，但另一个念头又在心里浮起，越来越大，越想越不对。“要回家为什么不先告诉我，要补身体哪里不能补，在家阿母也会帮你补。你大肚子跑来跑去做什么，何必要特别跑回娘家，是不是有些事不想对我讲，怕我知道什么事？”

想得生气起来，他写了一封信回去，充满了责问。

信寄出去，他就开始后悔了，这语气会不会太重？是不是太怀疑她了？其实她根本也没做什么事，自己这样怀疑她真是不对。

收到回信，老婆也火大了，在信里骂了他一顿，说怎么不懂得体谅她，为他怀了孩子还要受到这种怀疑，最后补了一句，说他在她最难熬的时候竟然不在她的身边，作为一个男人，连自己女人都照顾不了。

本来阿吉也有点歉意，只是看到老婆信里那样的措辞，火气又直冲上来。

“你以为恁爸能决定要不要来金门，这女人什么事情都想得那么简单。”

“这款女人，不懂得体谅男人，自己在台湾，平平安安，我在外岛有够操，还要担心哪天突然命都没了，你是懂多少啦！女人就是见识短浅。”

阿吉的焦虑感更大，更煎熬了。他开始觉得老婆好像有问题，否则本来都温顺乖乖的，怎么一下态度变成这样。

有弟兄又被“兵变”，阿吉现在不会嘲笑他们，转而开始同情。

“他妈的，女人真是贱，男人一不在就乱搞。”他这样想。

他想，该不会是这段时间老婆有了新的男人，变了心，所以对他的态度也变了，信也爱写不写的。

现在，只要有人“兵变”，阿吉就感同身受，仿佛是发生在自己身上似的。

大伙又起哄要去831，阿吉强颜欢笑跟着一起去，毕竟那种场所他没有跟去就少了很多乐趣，很多人也会“紧张”。

在灯光昏黄的房间里，阿吉双手把女人压在身下猛烈地冲撞，表情狰狞，想把一切不高兴都释放出来。

他脑子突然闪过一个画面，他的老婆是不是也同样被人压在身下，发出淫荡的呻吟。想到这画面，他突然倒阳，雄风不再，几乎是一瞬间不行了。

看到老婆态度的转变，“小孩不是你的”这个念头越来越强烈。这个声音一直在心里出现，像指控他、嘲笑他一样：“哈哈！你就是不行，小孩才不是你的。”阿吉几乎都要疯掉了。

晚上阿吉站哨，已经过了打炮弹的时间，异常安静，只有风吹过木麻黄沙沙作响，偶尔传来狗打架的声音。

“要是一颗炮弹飞过来把我炸死，那就正合她意。那女人就开心了。”他暗道。

“小孩怎么可能不是我的，一定是我的！”他努力要说服自己。

努力回想算日期，那一天是不是去卫生所领了保险套？哪一天老婆的月经来了？哪一天跟老婆做爱了？老婆写信告诉他怀孕了，倒推回去到底是哪一天做的？那一天他到底在不在家？那几天他到底有没有用保险套？

他努力想要回想起确定的时间，好说服自己小孩是他的。

“小孩不是你的，小孩不是你的，小孩不是你的，小孩不是你的……”

他越回想，这声音越清晰地在他脑海里回响。

“看来那女人真的有问题。”

“那女人不只在我走后跟男人勾搭，我还没走她就有男人了，死破肉，亏我一心一意对她。”

“恁爸才不会当别人的免费爸爸，太便宜你们这对狗男女了。”

“奸夫淫妇，女人没有一个好东西，我才不会让你好过。”

“我要让你后悔一辈子，破肉。”

阿吉越想越气，越气他就越兴奋，他觉得此时此刻，心里异常冷静。他一想到不忠的老婆就要追悔莫及，那一辈子自责的表情，简直就是大快人心。

他拿枪抵住下巴，开了保险，嘴角忍不住上扬，露出了满足的微笑。

那声巨响，吓得熟睡的弟兄以为共军打来了，警铃大作，兵荒马乱。

1966——

“匪情研究”工作者

就像坐飞机一样，高高在上，看得远，看得广，一览众山小，豪情壮志油然而生，但在平地时，看到的是世俗的人来人往，熙熙攘攘，走马看花都嫌来不及，常常觉得俗气而懊恼。我们回顾历史时，可以看得长远，读到历代帝王领导人建立的大功大业，心中难免也跟着豪情万丈，恨不得回到那个时代建立功名。

只是常常帝王领导人的一句话，就是那些看似豪迈的指点江山背后，牵动的不知是多少黎民百姓的命运，多少人的人生就这么微妙地被改变了。就算你身处其中，也难免只能消极地随着时代洪流而下。

看过去的大历史，指手画脚很容易，自己身处历史洪流当中却常不自知。

自从两岸一九四九年分开后，看似互不相干，各管各的，只是每当有大事发生，就好像石头丢进池塘里，涟漪越来越大，越来越外扩，飘在水中的小浮萍都悄悄地荡了一下。这些年来，大陆发生的许多事，都微妙地影响着台湾最寻常百姓的生活。

在某个下午，我见到了阿祥老师，我们约在台北的文青装B圣地——台大对面温州街的某间咖啡店。阿祥老师穿着短裤凉鞋，手提着装有好几本书的破塑料袋。他一走进店里，我差点笑了出来，向他挥挥手。他看到我，热情地用闽南语向我问好。

旁边一个戴黑框眼镜的文青打量了阿祥老师一眼，那种眼神就好像是在说这传统市场才会出现的怪大叔怎么会跑到这种地方来了。

他肯定不知道阿祥老师是谁，可是都听过他的大名，读过他写的书。

“我从小就不知道爸爸在哪里，是让妈妈带大的。”

阿祥老师开始讲他的故事。我问他要喝什么，他说不用，只跟店员说来碗水饺。

“啊！咖啡店也卖水饺？”我心里暗暗惊讶。

店员听了也没说啥，还跟阿祥老师聊了几句，看来他是这儿的常客了。过不久，真的就有一碗热腾腾的牛肉汤水饺端上来，好香。

“嘿嘿！这是隐藏菜单。”阿祥老师得意地说，“不好意思，还没吃饭，边吃边说哦。”

“我们母子两个人相依为命，靠帮人顾摊、帮佣、洗衣服等杂工赚微薄的生活费。好像没见过她一天休息的，总是在工作，所幸开销不大，日子还过得去。

“在记忆中，我母亲很容易与人起冲突，脾气很大，怎么知道她生气了呢？我母亲生气的时候总是很夸张地挥舞着双手，挥舞的幅度随着怒气而加减，小抱怨时只见手掌比来比去；如果遇到如斤斤计较几块钱的时候，与人有误会的时候，吵架会用上小臂；更激烈一点的冲突时会连大臂也一起挥；如果遇到客人调戏，则是直接一巴掌过去。

“哦！我忘记说了，我母亲是哑巴，大概是她不能说话，喊不出来，所以别人用嘴，她只能用手。这样说起来好像更有震撼力，所以她那无声的魄力，很少有吵输的时候，至于当初我母亲到底怎么跟我沟通，想想都觉得神奇。我母亲从前跟我沟通都是比手画脚，但好像沟通起来也没什么障碍，大概是习惯了，觉得很理所当然。

“她没上过聋哑学校，也没学过正规手语，所以每次跟我沟通时，比的是一套咱母子才看得懂的手势暗语。

“大概是我两岁的时候，母亲带着我来到台北，在这之前我们在哪里，从哪里来的，没人能告诉我。因为我母亲是哑巴，所以我自小就不太爱说话，总是安安静静的。一开始街坊邻居小朋友出去玩也会叫上我，可是几次后发现我不太爱说话，人很闷，一点都不有趣，所以也不怎么找我玩了，我也只能一个人在家。

“我母亲常常会捡些别人丢掉的旧报纸、旧书来卖。我常常一个人摆着小凳子，默默地坐着看上好几个小时。几年下来，虽然我还是不怎么爱讲话，可是只要一开口就文绉绉的，不管是语气、用词，都超过同龄人的水平。

“为了省电，我经常在母亲顾摊时，坐在旁边的小凳子上看书、写作业。我母亲的小摊子是卖炸蚵嗲，你有没有吃过，就是在蚵里面加面粉浆，再丢到沸腾油锅内炸到熟，对面水源市场里有一间很好吃的，你可以试试看。那时候有位姚教授经常来买，每次都听姚教授说在家乡没吃过这种东西。他每次都说：‘台湾真是个宝岛，小吃都是海鲜。’他说在家乡那边无法想象。每次路过他总买一两个，然后舀一大匙辣酱倒进去，带着满意的神情离开。我那时候就觉得蚵嗲是穷人吃的，哪有什么稀奇。

“为什么一开始我就对姚教授印象深刻呢？因为姚教授每次来总穿着长袍马褂，要不就是西装，再简单一点就是穿着衬衫西裤，永远一丝不苟的，所以提到姚教授，我母亲就做拉拉领子状，再在颈下画条直线做领带状。在我们母子观念里，会那么注重穿着的必是达官贵人，要不就是家世显赫，有背景的人物。

“姚教授一看就是学者的模样，可是也不是真的在大学里教书，据说他是在政府的单位里做事，但似乎又不用天天上班，真猜不透他到底是做什么的，称姚教授为‘教授’，也就是跟着街坊邻居一起叫的，不知从谁开始称他为教授，大家也跟着喊，姚教授也没有否认，都习惯了。

“我那时候很喜欢姚教授的到来，因为姚教授每次都会顺便过来看看我在看些什么书，然后称赞我几句，大概是小孩子受人肯定就高兴。平常没人注意我读什么书，我母亲不管，其他小朋友也很少看这些书。我印象很深刻，忘了从哪本书里学到一个词：曲高和寡。当我认识到这成语，心里想竟然有那么好的词完全准确地形容了我心里的感觉，把我心里想说的都说出来了。是不是不知道天高地厚？哈哈，反正，那时都没有人知道我在读些什么。

“大多数大人都听过我读的这些书，什么《三国演义》《隋唐英雄传》或《七侠五义》等之类的古典小说，但仅是听过而已，真正读过的也没几个，只有姚教授每次到来，都会问问我看到哪里了，能跟他聊个几句小说里峰回路转的精彩情节。那时候觉得真是遇到知音，有人可以聊天。

“我小时候很聪明——这让我臭屁一下，哈哈。不过第一个说我记忆力好的还是姚教授，我那时候看过的书，不管是小说还是散文诗词，那些内容真能倒背如流，记忆力真的惊人。姚教授就常常跟我母亲说我很聪明，一定要尽力好好栽培我。我就记得我母亲都是微笑回应，那个样子一看就知道很骄傲。

“你大概不知道这一带到以前师大那里，全部都是日本人留下来的平房，很多跟着国民党来台湾的教授学者就住在这里，都是他们的宿舍。

“姚教授以前住的地方已经被拆掉了，就在古亭南门市场，那边以前也有很多外省仔住。姚教授的家就是带着院子的日式平房，听说日本人没走之前也是一个日本教授的宿舍，院子里的几棵遮天大树遮挡了邻街的喧嚣，从外面看进去就像是在森林树荫下的小屋。平常姚教授深居简出，只有佣人每隔两天会进去帮忙打扫一次，大家常会好奇地问帮佣的阿婶姚教授到底是做什么的，阿婶也说不出个所以然。结果，姚教授变得很有‘传奇性’。

“现在想起来也很好笑，那时候关于姚教授的传闻，有好几种说法，比较普通的版本是，他本来在大学教书，后来身体不好，在家休养；还有人用爆料的口吻说，姚教授以前在大陆是某省的大官，后来得罪‘蒋总统’，就降级给了他一个闲差，好在没被杀头。想想可能吗？他离开大陆时才几岁。

“那几年007电影红遍整个台湾，因此还有种更夸张的说法，讲的人绘声绘影地描述，姚教授其实真正身份是情报员，看他不常出现，其实都是出任务去了，当然了，后来才知道，这种说法一点都不夸张。

“但是大家都知道一件事，姚教授是单身，虽然说起来姚教授年纪应该也不大，三十好几快四十而已，这个年纪的男人应该也都成家有孩子了，所以也有人说，姚教授家人都留在大陆没有出来，就连好事者说到这里，都要为姚教授叹口气。

“我小学六年级时，姚教授家里的那个帮佣阿婶辞职回家了，我母亲就接替了这份差事。没想到姚教授给的酬劳还真高，她第一次拿到工资自然喜出望外，这些钱足以让她少在其他地方干活兼差，但我母亲一生都是劳碌命，一想到明年我就要上初中，开销更大了，所以还是继续干其他的活，在姚教授家整理完，又继续去帮忙顾摊，晚上顾完摊收了衣服回家洗，仍然忙不完。

“母亲能到姚教授那儿帮佣是件好事，姚教授人那么好，那么谦和，在他那里做至少不用像以前在其他地方帮佣还要看雇主脸色；另一方面，姚教授每次都拿很多饼干巧克力糖让母亲转交送给我，平常看其他小朋友吃糖果都羡慕得不得了，我想买又舍不得钱，结果一下子拿到那么高级的零食，都是美国货，每次都有点想炫耀，又怕被抢走，可是自己藏着，又不知道从何吃起。

“有时候姚教授还会让母亲带些书给我看，大多是外国的小说，什么《三剑客》《汤姆历险记》《基度山恩仇记》，还有《福尔摩斯探案集》之类的，大概是以前习惯中国小说中那些厚重的历史感、忠孝节义什么的，那时候读了这些外国小说，我眼睛简直就是一亮，原来小说的取材也可以那么广。

“我第一次去姚教授家是在考完初中之后的那个暑假的下午，他家在热闹的街边，宅子独立而幽静，树荫遮住三分之一的屋顶，阵阵蝉鸣，院子不大而绿意盎然，一面墙上爬满带点苔藓的青藤——现在在台北这种房子大概也找不到几栋了，可惜。这种树荫遮天的日式平房，所谓‘大隐隐于市’不过如此。

“那时候姚教授站在台阶上看着我进门，他直说我母亲很能干，院子本来乱七八糟的，她一来就变得那么漂亮了。我也不知道为什么几十年过去，对这句话印象还那么深刻。每指着某个地方，姚教授就要称赞母亲一下，他对母亲真的是赞誉有加。

“那种老房子都要脱鞋，走上去木头地板还发出小小的咯吱声，现在想想那种声音很温润，很值得怀念。他家里不大，摆设简单又温馨，客厅两张小沙发，旁边一个桌子上面有架唱片机，墙上挂了三张字画，还有一些照片，墙边还有个高高的书架，一阵轻风过来，白纱窗帘还微微飘动了一下。

“姚教授说我母亲整理得太好了，之前他书到处乱摆，母亲整理后，弄得很整齐，结果都找不到想要用的书了。他就觉得他跟我母亲有默契，只要一请她帮忙，她也不会多问，都能做得令他满意，都是他想要的结果，至少不像以前的阿婶，话多得他看书都无法专心。

“听到姚教授这样说，我心里虽然觉得理所当然，但还是挺开心的，毕竟有人称赞我的母亲；我心里清楚得很，她就是因为不能讲话，就算比手画脚别人也不太懂，只能靠着察言观色，做得更细心点。

“姚教授家客厅的一边是书房，姚教授称为‘书斋’，房门一打开，就传来那书本特有的油墨香味，两边的墙各是一个书架，房间最里端靠窗有张桌子。除了书架上，这房间里只要有空间的地方，都摆着书。除了书之外，还有大量的卷宗夹及卷起来的图纸。在教授的桌上，有一张摊开的大地图，旁边有好几本笔记本，每本都密密麻麻地记了好多内容。

“我一眼就看到书架上那一套《中国现代文学选》，上面有好多人的名字——鲁迅、茅盾、沈从文、朱自清等，那时候我只认得朱自清，其他人几乎听都没听过。我随手拿了鲁迅选集翻了翻。

结果姚教授说叫我在这边看看就好，不要拿出去，也不要说看了鲁迅的书。那时候还以为是因为他特别爱这些书，这些书特别贵重呢，后来再长大一点才知道这些都是禁书。

“我正想问为什么，姚教授就先开口说：‘以后你就懂了。’他又随手抽出一本《古文观止》给我，他大概是说了解几千年来这些文人的思想，对了解现在中国人的想法有些帮助吧！反正他说学校也在教这些，背几篇名篇应该可以增加国文程度。

“后来我才知道原来姚教授是专门做‘匪情研究’的，嘿嘿，我以前想考的政大东亚所曾经就是在搞这些玩意。反正，那些图纸还有那些卷宗夹都是大陆地图和各种档案，大陆现在是什么情况，‘共匪’又有什么‘暴行’，姚教授都一清二楚。这可让我感兴趣了，以前教育都教说‘共匪’很坏，在大陆发动‘文化大革命’，严重破坏传统文化。那时候大家都听得咬牙切齿，想说‘共匪’太坏了，大陆同胞真可怜，真需要‘蒋总统’去解救。

“那时候很流行一句话，总是让我们听得热血沸腾。‘蒋总统’在国庆节说：‘明年我们一定把青天白日旗插在南京。’有一次我在姚教授面前说：‘明年我们一定把青天白日旗插在南京。’结果呢，姚教授没有附和我，反而是‘哼’了一下，意味深长地冷笑一声，真的是意味深长。

“有一次，姚教授随手拿了我的地理课本去看，翻了几页之后停在某一页，若有所思地指着课本说：‘你看，湖南常德，我老家。’我地理学得还不错，常德在湖南省西北部，沅江下游和澧水中下游，武陵山脉、雪峰山脉东北部……这些你背过没有？”

阿祥老师自顾自地讲了好久，突然问了我一句，我吓了一跳。

“哦……我记得啦！湖南省的水系，湘资沅澧：湘江、资江、沅江、澧水嘛！我就觉得奇怪，怎么初中都过了快二十年还记那么清楚湘资沅澧。”

“台湾囡仔哦！就专门背这些没营养的东西，结果台湾从北到南有哪些县市都记不起来。”阿祥老师摇摇头感叹道，“后来姚教授又翻了课本几页，眉头皱了一下，说：‘东北九省，哈哈！竟然都把地理教成历史了。’他说的这句话，我印象特别深刻。”

说到东北九省，我也有印象了。

“我读初中时候也还是教东北九省，还有什么嫩江省、合江省、察哈尔省，大连还是直辖市呢，大陆都已经东北三省不知道几十年了，在地理课本最后一页还会看到一行小字：‘此种划分与现行情况殊多差异，待光复大陆再予调整。’呵，明明知道有差异还要继续教，这也算怪了。”

阿祥老师听了哈哈大笑，继续说下去。

偷学简体字被老师打

“我很早就会写简体字，你知道为什么吗？都是看简体书……那时候叫‘匪书’学的。刚开始看似懂非懂，看久就能懂。我写汉字每次被老师罚写名字一百遍就头疼，我名字这‘義’字笔画太多，很羡慕一个同学叫‘王丁’，每次王丁罚写完一百遍时我才写了三十个。所以我看到‘義’的简体字是‘义’，简直是如获至宝，笔画竟然变得那么少，就觉得简体字太方便了，结果简体字学多了，有时在学校抄笔记赶时间就顺手写了简体字。

“有一次考试时写作文，写了几个简体字也忘了。事后发考卷时，我最后一个被发到，老师把我叫到讲台前，把考卷一揉，甩在地上要我自己捡起来。我还觉得莫名其妙，一捡起来，还来不及反应，老师两巴掌就过来，我眼前一阵星星，脸颊上火辣辣的。

“老师用一种极其恨恶、如杀父仇人的眼神瞪着我，那眼神哦，多可怕，现在都忘不了，你知道他骂我什么吗？”

“什么？”

“民族败类！哈哈哈！”阿祥老师张开塞满水饺肉馅的大口大笑，葱花味扑面而来。

“摊开考卷一看，95上打了一个‘×’，旁边补上一个大大的‘0’，零分。我还在想怎么会是零分时，看到有些字被红圈圈起来，原来都是我用简体字的地方。那个老师开始大骂道：‘你“共匪”是不是，用什么简体字残体字，“蒋总统”那么努力在维护中华文化，你竟然用简体字，我看中华民族的文化和未来都断送在你手上……’哈哈哈，什么都能上升到国家民族的高度，原来我有那么伟大。

“从此我就知道，有些知识是禁忌，只能自己知道，不能真的做出来，倒霉的话会为自己引来麻烦。

“后来姚教授要我母亲别顾摊子了，让她也帮忙煮晚餐。姚教授说一个人吃不完，所以也留我们母子一起吃晚餐。一开始，我们俩还有点不习惯，我母亲总是觉得头家肯让我们一起吃饭，简直是莫大的光荣恩惠，客气得小心翼翼。虽然我跟姚教授比较熟，可以聊得比较多，但这样三个人坐在一个屋子里吃饭，长那么大还是第一次。但是久了之后，我觉得这样一起吃饭的感觉很好，大家一边吃饭一边聊聊今天都做了些什么，遇到什么好玩的事，有一句没一句的。

“我那时候就会想，难道一般家庭就是这个样子？想一想还觉得真不好意思，姚教授好心请我们母子一起吃饭，竟然还多想那么多，得寸进尺了。可是每次放学到家，看到安静的屋子，我总是有一种莫名的渴望，也说不出从何而来，到底想要的是什么。一回到家，我的世界永远那么安静。”

听到这里，我很有触动，我完全能体会那种感觉。

“嗯……这我能懂。我刚到上海时，租了那个小房间，每次一回去，把钥匙插进孔里，我都很害怕一转把门打开，因为面对的是那个又阴冷又寂静得可怕的房间，所以我每次一回去，第一件事都是先把电视打开，不管做什么事都把电视开着，一直到睡觉，这样房间里还有点声音。”我说。

想到刚来上海时一个人生活就是这样的，怪不得很多在外地工作的朋友总是说他们一回家就开电视，以前不懂为什么，一个人住之后就懂了。

“对啦！就是那种感觉，从固定去姚教授家吃饭后，我就知道我心里说不出来的渴望是什么了。不过那时候我是有点得意忘形了。每次一个人在回家路上，我常常在想，这就是人家说‘亦师亦友’的关系吧，又或者会有种私心说‘也像父亲’。

“其实我也只知道姚教授的工作大概是干什么，从湖南来的，其他的事一无所知。姚教授也从来不提这些事。我当然对姚教授的过去感到好奇，但也不敢多问，我母亲用手语告诉我，要我别以为跟姚教授比较熟就没大没小，毕竟人家是头家，对我好是恩惠，千万不要忘记自己的身份。

“从那时开始，左邻右舍开始有些闲话出现了，你知道那种中年女人最八卦。我们常跑去姚教授家，姚教授与我们母子的关系越来越好。大多人是说我母亲不知自己几两重还想高攀，说我母亲以为自己还有几分姿色就想勾引人家，也不看看自己孩子都几岁了。不仅三姑六婆说，就连学校同学也在说。我那时候学业成绩还不错，就是内向不爱跟人打交道所以人缘也不怎么样，我跟姚教授关系比较好的事就成了别人对我落井下石的把柄，同学都说我乱认父亲，看姚教授一个人，母子俩一起想要贪人家的财产……

“听到这些话，我气得要死，这些话一句句都击中我心里的要害，无力反击，可是我那时候刚懂这些男女爱来爱去的事嘛！其实隐隐约约也感觉到每次吃完饭，我母亲都要我先回家复习功课，说她还要留下来洗碗整理什么的，这两人独处机会不就多了。看她每次回来心情都不错，我大概也能猜到一些。

“不过也就是这些闲话。我开始有意避开姚教授，甚至希望母亲也不要去姚教授那儿帮佣了。反正那时候就想，宁愿一毕业就去当学徒工赚钱，也不想被人家说闲话。

“记得有一天晚上，母亲要我拿个东西给姚教授，我只好硬着头皮过去。可是到了姚教授家，敲门几次，没人应，顺手一推，门居然没关上，我就自己走进去了。

“我叫了几声姚教授，没人应答，不过看见他书房的灯是亮的，而且房内传来哭泣的声音，我探头望一望，啊？姚教授正坐在书桌前抱头痛哭。

“我悄悄地走到姚教授背后。他的书桌上散落了几张照片，照片里很多‘共匪’拿着一本书举着手高声欢呼，其中一张照片吸引了我的注意力——一位老者戴着高帽，全身被绑缚着跪在台上，后面俩年轻的‘共匪’得意扬扬、耀武扬威地指着他，他的身上有几个大字，写着‘湖南省常德市……’我那时候不知道那是什么，不过你听了，知道是什么照片了，对吧？”

“是‘文革’对不对？应该是很多人拿着毛语录，又有人被戴高帽批斗的照片是不是？我看过一些啦！”我说。

“对啦！就是‘文革’的照片，你肯定在想，看到‘文革’的照片，姚教授怎么会哭得那么伤心？我那时一看‘常德’两个字，第一反应就是他不就是常德人吗？姚教授哭得很伤心，一直在喊说：‘他们怎么可以这样，为什么会变这样……’我就在想，照片里的人该不会是姚教授认识的人吧？不过这都是事后想的啦，当时哪能想到那么多！

“都说好奇杀死猫，这是真的，后来回想起来，似乎所有后来一连串的事，都是从那个晚上开始的。

“我一直很好奇姚教授那天晚上看到的到底是些什么照片。有一次，趁着他不在，溜进他的书房里。姚教授一直跟我说，要看什么书都可以从书架上拿，唯独书房不可以进去。那时姚教授真的对我很信任，连家里钥匙都交给了我。一想到这儿，我心里有些愧疚，却又压抑不住强烈的好奇心。

“虽然书房里一切摆设我都很熟悉，但独自打开书房的门，独自走进去，就好像进入新世界一样，有无穷无尽的秘密等着我去探索。我还真不知道从何看起，摸摸书架上的档案夹，看看书桌上散落的几片纸，紧张之中夹杂着兴奋，心跳越来越快。

“这时屋外传来开门的声音，我心头一惊……”

“啥？”我紧张地问。

“别急，让我先喝口水，太咸了。”

阿祥老师淡定地要店员帮他调了一杯咖啡，店员不敢怠慢，很快送了上来，心花怒放地说：“老师请用。”

阿祥老师喝了一口。大葱水饺配咖啡，好奇怪的搭配，上海那个周什么波的看了应该也要无话可说了。

“我手上的书都还来不及看，就随手插了回去，这脚步声，一人，不！有两个人，看样子很匆忙。想想已经来不及跑回客厅装作没事的样子，我只好躲在书柜与门的夹角处，心里又害怕又尴尬，祈祷姚教授不要走进来。”阿祥老师喝了一口之后继续说。

“这个时候，那个杂乱又匆忙的脚步声直接进到卧房，安静了下来，我稍微松口气，想什么时候是偷溜的好时机。结果隔壁房间传来一阵窸窸窣窣的声音，竟然又听见低沉急促的喘气声、呻吟声，还有撞击声，唉……

“你猜得没错，就是你想的那样。我一步步轻轻地慢慢移动，偷偷地探了头看卧房到底发生了什么事。结果，是我母亲跟姚教授，你想象一下那个画面，就跟很多电影里面偷窥时的分镜头一样。

“我那时候对男女之事刚懵懵懂懂，哪像你们现在还有饭岛爱启蒙……哦……饭岛爱是九十年代初的哦！那现在是谁？哦！苍井空，我也听说过。

“之前不是有说，我母亲一生气手就乱挥舞，结果那时候我看她双手挥舞盲目地乱抓，还以为妈妈被姚教授压着很生气所以手才乱挥，哈哈，但是我却有点知道这一男一女赤身在床上拥抱是怎么一回事，不知怎么的，突然有阵厌恶感与怒气从心里深处浮出，越来越明显，越来越大，随时好像就要爆发出来，那时候对姚教授感到一阵反胃，气死了。”

“阿祥老师，对不起，让你说这些事。”我听到他讲这些事，有些尴尬。

“哈哈哈，不要紧啦！都几十年前的事了。其实哦，像我活到现在这个年纪，这种古早的故事，讲出来一次，心里就更轻松一次。”阿祥老师微笑地说。

“我记得很清楚，那一天回家路上，我被两个人拦住，他们自称是姚教授的同事，这两人皮笑肉不笑，关心地说姚教授最近好久没去上班了，问我姚教授最近是不是身体不舒服，有没有什么奇怪的地方。他们一问，我怒气又全来了，心想姚教授关我什么事，我就很不爽地丢下一句：‘自己不会去问他。’就抛下两人径直走掉。

“本来我跟我母亲就没什么话讲，上了初中，可说的就更少了，撞见她与姚教授那样后，更是不知道该跟她说些什么。那几天看见她心情不太好，我就想肯定有什么事。

“我看到她从架子底下，就是放碗筷的架子下面，摸出了一沓纸，要我把里面写的通通背下来。我看了一下，这沓纸很明显都是被揉过又摊开，皱巴巴的，是一封封的信，署名都是‘立德’，立德就是姚教授。看来是姚教授写完信，也没寄出，就直接扔掉了。那时我问她干吗要把人家的信背下来，她也没多说，只叫我别问，反正背下来就行了。

“也就差不多是那个时候，姚教授无声无息地消失了。这次他似乎不是去出差，因为街头巷尾的都说他‘失踪’了，这‘失踪’带着几分遮遮掩掩的暧昧。每个人都想谈，都能说上几句，但又不愿多谈，大家都说，姚教授是‘匪谍’，被抓了。”

“姚教授是‘匪谍’？真的吗？”我问。

阿祥老师点点头道：“对！他真的是，我没有去证实过，但他的确是，而且还是个不合格的‘匪谍’。哈哈，当然了，那时候心里想他怎么可能是‘匪谍’，他不是专门研究大陆‘共匪’的吗？这说不过去呀！当然有些事远远超过了我所能理解的范围，我心里很痛苦，各种复杂的情绪与念头涌上心头。因为思绪一团乱，而且以前叫‘匪谍’的都是很可怕的人，我无法接受‘匪谍’竟然也可以那么温文儒雅，就觉得这姚教授太阴险了。”

“哈哈！我以前也是这样啊！小学都有关于‘匪谍’的漫画，每一个都长得脑满肠肥的在那边鞭打大陆同胞，结果我中学看到周恩来的照片，价值观差点崩塌掉。我就想，‘共匪’怎么可能长得那么正气凛然，我还痛苦了好一阵子，想起来都好笑。”我说。

“专制时代的政治宣传就是这样，把它简单地二分为‘我们’跟‘他们’，并且尽力抹黑‘他们’，让‘我们’因为同仇敌忾而团结在一起。他会告诉你，你不站在‘我们这一边’，就是‘我们’的敌人，就是‘他们’。”阿祥老师感叹道。

“话说回来，那些信到底是什么内容，该不会是什么情报吧！您母亲为什么要你记下来？”我问阿祥老师。

“那倒没有，我也问过我母亲，为什么要背这些，她什么都没说，只要我快背下来，还好我记忆力一向很强，读过几次之后就背得差不多了。你问我怎么很多细节都记得，那是因为我记忆力好。

“这些信大多是姚教授写给他家人的，用小楷毛笔写得正正方方，颇秀气的字体。我知道姚家有三兄弟，姚教授是大哥，下面还有立功、立言两个弟弟，就是《左传》里面说的三不朽嘛。他父亲本来是大学教书的，后来回乡当官，两个弟弟一个在当老师，另一个那时候的年纪应该也上大学了，也算是个书香世家，可真能生，生三个儿子跨了二十年。

“我一封封信读下去，按写信日期排，读到后面几封了解到，原来他们姚家只有姚教授到了台湾。因为那时候姚教授在上海当官，跟着国民政府来台方便，其他人都留在大陆没来得及出来。但又读到几封信，大弟立功参加了共产党，我那时候读到这儿，真觉得怪怪的，有点难以接受，姚教授竟然没有大义凛然地斥责‘共匪’弟弟，要他回头是岸、改过自新，反而只是要他保重身体，别太劳累……可是我又想到，反正这些信也寄不出，再怎么骂也是无济于事，只是我心里无法接受姚教授竟然对‘共匪’那么宽容。我那时觉得，国家民族大义当然要高过亲情了。当然，我那时候还不知道姚教授是‘共匪’，所以才会这样想。

“不过，这些信文辞字句堪称优美，虽然那时候很不爽，不过读起那些信还真的很令人感动，只是有些细节想想好像也不太对，比如说，在几封信里提到过好几次‘我做的以后你们都会懂……’到底是做什么事啊？这些那时候我都没有意会到。”

“这么说，姚教授就是潜伏在国民党的大陆研究机构里面的‘匪谍’喽？所以他有很多关于大陆的第一手资料，当然也知道他老家有什么事，是不是这样？”我问。

“嗯……有很多事我现在都还没想明白，不过到现在，几十年过去，我想那也不太重要了吧！

“过两天的半夜，一阵急促的敲门声将我们母子惊醒，母亲倒很冷静，穿好衣服，示意我不要害怕，然后在门外的催促大叫声中开了门。

“门外冲进好几个彪形大汉，我认清其中两个就是前几天见过的‘姚教授的同事’。我现在还是搞不清楚这些人到底是警总还是调查局还是其他单位的。

“这些人一闯进来就问我母亲‘你就是李丽君’，还不等她回答，闯入者就把她架起来了。趁这短短的空当，她对我比了一个手势：要我自己照顾自己。

“结果那些人就朝着她大喊咆哮：‘你说什么？你刚才比了什么？他刚才说什么？你们是不是在打什么暗语？你快讲，快给我说出来。’这些人真是神经有问题。

“我那时候早已被吓呆了哪还会讲什么，只是支支吾吾，言不及义。我拉着其中一大汉的手，拉不动，反被大汉手一甩，跌到地上。我就大喊：‘你们为什么要抓她，你们是谁，我要叫警察了，救命啊！抢劫！’结果引来他们大笑。

“他们把我母亲的手反铐上架走，另一个人也押着我要我跟他走。一切都那么快，来不及反应，我们就被押到楼下。

“那时候半夜嘛！我转头一看，感觉四周楼房的窗台暗处，躲着好多双眼睛，窥视着午夜惊悚的一幕，只是默默看着，没有人发声。

“我被带到一个小房间，一个人一直问我问题。我头昏脑涨的，眼皮快要垂下又被逼着不能睡着。问我的人一会儿严厉凶狠，一会儿又温柔慈祥，我也忘记答了些什么，也不知道外面现在是白天还是晚上。我那时候只想知道到底发生了什么事，为什么莫名其妙要抓我们，还有母亲现在到底怎么了……眼前已经是连珠炮般轰，我还来不及反应思考，新的问题又来了。你经历过一次就知道什么叫‘疲劳轰炸’，这也是一种审问手段，趁你脑子已经很迟钝、心防松懈的时候问你话，效果更好，看你还怎么撑。可是对于我这种什么都不知道的人，他们一边问，我心里还不断浮出更多的问题，要我怎么回答啦！

“等那些办案的告诉我时，我才知道原来姚教授竟然真的是个‘匪谍’，早在政府搬迁来台前就已经藏匿在政府里，一直没被揪出来。办案人员语重心长，装得很诚恳地说什么我还有大好前途，人生才刚开始，知道些什么就讲什么，一切都会没事的……没事的屁！”

说到这儿，阿祥老师突然激动了起来。

原来这就是大陆

“我很幸运很快被放了出来，比起绝大部分被带进那个大门就没有自己走出来的人，我已经算很幸运的，但是出来之后每个人都对我唯恐避之不及，大家都议论纷纷，惊讶我进去那里竟然还能够全身而退。反正我那时候也不懂这些，只知道我母亲因为‘知匪不报’‘藏匿匪谍’‘与匪勾结’……一堆什么罪名中的哪一个，要被关个十几年。其实，在那个年代出了这种事，只关个十几年算是老天相助了，不然连判都不判，哪一天自动蒸发了都有可能。

“失去了唯一的亲人，结果我见到更多从来没见过的亲人，外公、外婆、阿公、阿嬷一下都有了，每个人都在跟我讲我爸爸妈妈怎样怎样如何如何。哈哈，这个家务事，不是重点，我就不说了，就是每个人都说得不一样，虽然是亲人，但让我挺反感的。

“解严才短短二十几年而已，现在的小孩都已经不知道那个时代的气氛，只要你不乖，随时都好像有一双眼睛在暗处盯着你一样。我那时候也单纯，别人闲话就当没听到，把心思放在学业上，上了高中想会好一点，可是一路从高中、大学、当兵，我觉得好像总有人在暗处盯着我。有时候学校教官、部队长官也会来‘关心’一下我：有人说我怎么从沉默内向变得那么会客套打哈哈的，还不就是因为这样，那个恐龙电影里面那句话说‘生命自己会找出路’是吧！哈哈，为了生存下去自然就变得这样。

“我也是从那时候开始练写作，一开始，初中老师都爱出些论说文的题目，什么‘自由与民主’‘自由与法制’‘如何做一个堂堂正正的中国人’之类的啦！老师长官想要什么，我就写给他们什么。中学的时候很多人觉得我作文异常地超龄老辣，除了看书看得多外，经过那些事，我思考了很多事，每次看到这些题目我都会冷笑，然后想也不想地下笔开始写，这些作文题目都太八股太制式，太好写了，没有自由民主法制的地方要写自由民主法制，我看他们自己也不懂什么是自由民主法制，写出自由民主法制的真意恐怕会被打回去重写，还会被贴上标签，但照书上教的写肯定就会得高分。

“除了论说文，我那时抒情散文写得更好，这不是说我的生活经验多。当然啦！我的生活经验已经超出当时同龄人太多，主要是姚教授那些信的内容一直深深地记在我脑子里。后来我想了想，姚教授那些信的内容写得实在是太优美太感人，所以呢，每次一看到那些了无新意的作文题目，我只要把那些信的内容重新排列组合再点缀修饰后，又是一篇足以作为模板的美文。”

“呃……我说阿祥老师，你一直说姚教授的信，里面到底写了些什么，透露一点方不方便呀？”我好奇地忍不住问了。

我发现，不知道什么时候，旁边本来在聊天的小朋友们都不再聊了，都在偷听阿祥老师讲故事。

“嘿嘿……你很八卦哦！很多人都一定会问这个问题。其实也没什么啦，就是他想家的一些内容，又寄不出去，写完就丢，至于详细内容是什么，我想就别说了，这算是我对姚教授的一点尊重吧！

“不过姚教授信里那些字句，却也是我痛苦与仇恨的来源。不知道多少个夜里，我都会被一点小声音惊醒，以为又有人要闯进来抓他；在半梦半醒之间，信里的文字，都像细水，一字一句，有时像涌流，一直刷过我的脑子。我那时候恨死姚教授了，都是他才让我们母子变成现在这个样子，如果他没有出现，一切都按着正轨来走，人生顺顺利利那该多好。

“在我母亲出狱那天我去接她，她瘦了很多，两颊都凹了下去，头发也几乎全白，已经不见当年那美女风采。她向我比了比手语，我看了一愣，她看见我迟疑也是一愣，后来才想起些什么事，又换了手语，这次我看得懂了，她说：‘我每天都在想你。’原来她在狱里学会了正式的手语，以前那些只有我们母子懂的‘黑话’，她反倒已经不熟练了，哈哈。

“她出狱后身体一直很差，没过几年就过身了。以前年轻，我真的无法接受的是，她过身之前竟然还一直惦记着姚教授，一直要我去问问姚教授到哪里去了。每当提起这些事，我心里就想笑她的迂：‘死了吧！’在这种政治气候环境下，干了这种事，还有活命的可能吗？

“后来我的人生还算幸运，有一个好的工作，也有个漂亮老婆，当然这其中也是发生很多麻烦事的啦！比如那些国民党鹰犬到我公司骚扰老板，跑去骚扰我女朋友的父母，还好他们都肯力保我、谅解我。说起来，他们都是我人生中的贵人，我很感谢他们，让我终于能有稳定的家庭与生活。

“那些年心境还不够平静，那些事偶尔想起来心里还会隐隐作痛。直到开放大陆探亲那几年，报纸上刊登了许多寻亲启事，还有照姓氏排列的，我眼神总是忍不住会特别瞄到‘姚’那一区，期望看到些什么。终于有一天，我看到一个熟悉的名字——‘姚立德’。为什么我那么确定就是他，因为上面写着‘家兄姚立德，湖南省常德人士，一九四九年赴台，见报速与弟立言联络’，这还会有谁！

“我想跟那位姚立言联络，可又不知道要用什么名义，人家如果问起姚教授，那该怎么回答，如果真的见到他们了，又要怎么面对。而且那时候这一切到底是怎么回事，我都还一知半解的。

“那短短一则启事让我苦恼很久，一直在心里挥之不去。我后来决定用姚教授学生的名义探一探虚实。不过对方听见不是姚教授，而是他的学生，口气不冷淡，也不热情，只问了我几句家常客套话，也没问姚教授现在怎么了。

“过不久，我收到一封常德的来信，邀请我去常德做客。我第一次到大陆，紧张中带着惊喜，只要看到穿制服的，心里立刻警惕一下：‘共匪！’哈哈！

“那一次去大陆，真是大开眼界，原来这就是大陆，原来这就是大陆人，以前书上学到看到的，瞬间活生生地出现在我眼前。我从香港到广州，再从广州坐火车到长沙，到长沙我还特别跑去看湘江，然后到了常德，当然也看到沅江了。”

阿祥老师这么说，倒是勾起我的记忆，常德沅江，某一年夏天长江大水，沅江两岸都淹了，小土丘起伏的岸边公园好像变成浮在海上的一个个岛，这倒变成了市民玩水的好地方，江岸公园竟然变成了亲水公园，好多人拿着浮具在水上漂啊漂的，这常德市民可真会过生活啊！

我回过神来听阿祥老师继续说。

“真的到了常德，我又开始紧张。我干吗来这里，真是不争气，他们要真问起来，难道我真要告诉他们姚立德捅出来的这些事？我那时候的确对姚教授还有些恨意。反正，心情忐忑不安，几乎把从与姚教授认识以来到现在的事都回想过一遍。几乎可以确定的是，姚教授是‘匪谍’，一方面在政府里做幕僚研究大陆，另一方面又把政府的情报不断地传到大陆去……

“是姚立言先生来接我，他长得跟姚教授一样，严格地说，跟姚教授几十年前一样。我那几天接受姚家和各个单位机关的招待，被劝酒劝得不知南北。我都不知道他们大陆人那么会喝酒，只记得席上听得最多的一句话就是：‘立德做的是功在国家、功在千秋的大业呀！’‘我们都错怪他了！’‘立德是位好同志！’……

“那姚立言开始说起他们家这几十年的情况，说他父亲和二哥都去世了，心里都很后悔，要不是错怪姚教授，也不会有这些结果。我那时候一听他提起，心里就‘当’了一下，几十年来问题的答案似乎就要在眼前解开了。

“他说，别看他们家现在好像挺风光，有‘台属’。当然啦，我哪算他家的人，就是有姚教授这一层关系而已。但他们家以前因为大哥在台湾，成分不好，总是被拿出来斗，他爸以前又在国民党里当官，黑五类，黑五类家庭呀！

“照他爸的意思，他爸觉得自己已经老了，无所谓，要斗就冲着他来，他宁愿自己被斗，也要保护两个儿子。他二哥虽然是党员，但解放后，他们说的‘解放后’，因为成分不好也被冷冻，可成分虽坏，积极起来比谁都积极，像要向别人证明些什么似的。后来有人对姚立功说，那好，你去斗你爸，他竟然还真去。姚立言说，他二哥本来想，由自己斗还能控制，没想到事态越来越无法收拾，他爸被乱棒打死了。

“后来姚立功在另一次武斗中脑袋瓜被什么关刀砍了一刀，当场开花，也死了。他就抱怨，都三十几的人了还在跟人家小伙子搞武斗，积极过头，然后他妈听了受不了打击，跳沅江死了，通通都死了。

“本来照我的个性，我会想：关我屁事。可是第一次那么接近这段历史，心里难免还是受到震撼，尤其当我想到，我的人生不知不觉地也被这远在天边的事悄悄牵连而影响，难免也感叹。”

“所以当初姚教授看到的刚好是他爸爸被批斗的照片，心里受到刺激才会乱了方寸，结果也害自己被发现了？”我问阿祥老师。

“我猜就是这样，天底下怎么会有刚好那么巧的事，又不是韩剧一直在制造巧合，但这还不得不承认，就是刚好有那么巧的事。

“从常德回来时，我很恨自己为什么要走这一趟，去大陆简直就是自找麻烦。我那时觉得自己越来越能理解姚教授当年的心情，每每想到自己好像能了解，心里就痛苦，压抑着不要去理解这些事。因为理解，就代表原谅，我心里最不能接受自己竟然会去原谅这件事。”

“方便说说您后来是怎么走出这段阴影的吗？”

“这些事我本来都没跟我太太提过，我真的后悔太晚跟她说，如果一开始就让她知道，也就不会有那么多苦恼了。”

“哦？您夫人说些什么？”

“她说我不体贴我母亲的心，说母亲也是女人，就算在困难的环境中看起来很坚强，也不代表她不需要人去关心爱护，在这种情况下，她会跟姚教授在一起是肯定的……至于为什么当初要我把那些信记下来，她也是期待未来有一天，能够帮姚教授传达这些事吧！

“我说她怎么会知道，她竟然回了我一句：‘当然是女人了解女人啦！’

“所以我把当年姚教授的那十几封信誊了下来。我一直都记得信里面的一字一句，那时候真的是边誊边流眼泪，眼泪把信纸都弄皱了，就跟当初姚教授的信纸一样。有时候我几乎要誊不下去，虽然信里的内容都是姚教授对故乡家人的思念，但我读到的却是当年我们母子二人相依为命的生活。

“我依时间顺序排好，将这些信一封封寄到湖南，也就忘了这件事。几个月后，湖南那边来信，当那封用简体字写着我家地址的挂号信递到我手上时，我一下突然不知道该怎么办。后来我干脆到我妈妈的墓前，把那封没有拆的信烧了，一下子灰飞烟灭……全都没了。”

阿祥老师的故事说到这里。我想象阿祥老师站在他母亲的墓前，他烧了信，就好像是在跟他母亲说：“你读给他听吧！”虽然一句话也没说，但这就好像当年他们母子在沉默中培养出的默契……

旁边偷听故事的小朋友认出了阿祥老师，上前来搭讪说希望他签名，他亲切地签完名之后，指着我说：“他也很有名耶！要不要让他签一下。”

我看那小朋友的眼神，一副“他是谁呀”的鄙视表情，我自讨没趣，只好摸摸鼻子跟着呵呵呵傻笑。

1978——

中美建交前夕，台湾移民潮

用“风雨飘摇”来形容二十世纪七十年代的台湾，经历过那些年的台湾人，恐怕不会否认。其实，这句成语也是很多官方记录里对那个年代的形容词。

那时候台湾人的心里都挺矛盾，一方面随着经济起飞的大潮，大家都在埋头努力赚钱，上下一条心，只要肯努力，就有钱赚；可是另一方面，随着国民党政权被赶出联合国，与日本及美国等国家断交，又想到台湾就像惊涛骇浪中的孤舟，本来还挺有底气，一下靠山都没有了，台湾的前途似乎都看不见，平民百姓心里惶惶不安。那些年，台湾也出现了移民潮。

整整十年，乐观与悲观并存，最坏的时代却也是最好的时代，二十世纪七十年代的台湾，被人怀念是有理由的。

何孟云从部队退伍之后就一直在开出租车，除了开出租车外他也不知道能干吗。

日日开，月月开，年年开。想想以前在军中好歹也是个营长，使唤四五百人没问题，天高皇帝远土皇帝一个，茶来伸手、饭来张口，什么都有人服侍得好好的，怎么搞到现在，只能开出租车赚低声下气的钱，轮到他被人使唤。

他常常在想，要是能好好待在军中，无过无错不作为，也能顺顺利利地照梯次升上去，至少到上校再退伍没问题。无奈部队里小人得志，懂得逢迎拍马屁升得特别快，长官们脑子都进水了，只听信谗言，真正在做事的人（真的有做事吗？)反而升不上去。

对啦！跟对人也很重要，最上头的黑掉，整个被认为是他“嫡系”的也跟着黑掉。这么说来，在部队里跟在一般公司其实也差不多嘛！

算了，现在想这些也没用了，一冲动就办了退伍，生计只好自负。

车在市区绕来绕去，载不到客人，那心一整个慌呀！今天的额度又达不到了。

唉……这世道，怎么大家都在赚钱，好像认识的人只要做生意的都发财了，我何孟云偏偏就只能开出租车，太不公平了，他们赚钱那么容易，我当车夫替他们老爷们服务，还要天天承受贴老本的压力，怎么活在同个社会，区别就那么大呢？

点起了一支烟，随手转了转电台，传来凤飞飞的歌声，是《祝你幸福》，有些不清晰的沙沙声。

他一向不喜欢这歌星，觉得她太俗，到处可见的加工厂里那些娘们才会喜欢。他又转转调频，正好在播报新闻：

卡特政府国务卿万斯表示，中美关系……

还不待播完，何孟云一阵心烦，又转台，一阵杂音后，传来邓丽君的柔美歌声，这才让他心情稍微平静点。

黄昏，送完一个乘客，他回到家吃饭，一进门就传来阵阵香味。他见读小学的女儿也刚放学，制服还没换下来，正坐在客厅里，一边看电视一边帮忙组合几个家庭代工。

“今天在学校乖不乖呀，有没有听老师的话？”他问女儿。

“我被同学选为风纪股长了耶，以后都可以管同学了，很厉害的哦！”

“很好很好，多多加油！”

“今天怎么样？辛苦了。”伴随着炒菜声，妻子在厨房问。

“还行还行，明德还没回来呀？”

“不是跟你说过了，他现在晚上都要补习，九点才会回来。”

何孟云趁着等饭时间与女儿一起帮妻子做几个代工品，能做几个算几个，也算打发时间。他看看这些小玩具，拿起来把玩一下，线一拉，松开，大象的鼻子跟耳朵就愉快地乱晃，幼儿挺吃这一套的。

他把玩具翻到背面，底下印着“Made in Taiwan”的字样。这些玩意做好应该都是要送到美国去的吧！哼！美国，享受的都是我们的劳力，好东西都送给他们了，到头来只会忘恩负义，过河拆桥，还敢以自由斗士自居。

这国际社会也挺现实的，明明我们是正义的一方，不是说“德不孤必有邻”吗？怎么这些国家就不支持我们，背信弃义，反正全部都是以美国为首的，美国说什么他们也不敢说什么。

政府也真没用，只会说同舟共济，真正有办法的人老早跑的跑、逃的逃。看那些官员、那些老板，平常在电视上骂美国骂得最大声，一有事还不是都逃到万恶美帝那儿去了。

简单吃了几口饭，交代了几句后何孟云又开车去了。

他当然也想做点小生意赚些钱，可妻子总说他不是那块料。

“这部队待久了脑子都空了，做生意脑子灵活很重要，你大半辈子都在部队里跟社会脱节，怎么跟人家做生意。”妻子总是这样说。

他也常常幻想自己是叱咤商海的大老板，多想这样什么都不管，放手一搏去搞一番大事业，就算失败了也不枉搏过一场。

“怎么能失败！”他想到，家里还有一对儿女要养，支出开销大呀！学费、杂费、电费、水费、瓦斯费……还有房贷，一想到这些数字，他就揪心，想想还是脚踏实地点好，比上不足比下有余，别想太多了，也许每个人的命不同吧！

待半夜十二点回家，静悄悄的，女儿睡了，儿子也睡了，宁静而寂寞，他把动作放轻，打开了房门。

“你回来了。”妻子醒来，躺在床上睡眼惺忪地问。

“嗯。”

何孟云是江浙一带人，是江是浙也不太重要，反正大概也回不去了。一九四九年，他初中都还没毕业，家里人让在部队里的远亲带他来台湾。他就这么糊里糊涂地来到了台湾。

其实他还有一个哥哥，回想起来，那时家里大概是基于“分散风险”的原则，乱世之中，多一个选择总是让人比较有底气的，所以哥哥留在老家，他来了台湾。

远亲又没空照顾他，所以他糊里糊涂地进了孙立人将军创办的幼年兵总队，然后又顺理成章地读军校，成为一名“革命军人”。

幼总的两年是快乐的，他与一群来自五湖四海、同样离开父母的孩子成了没血缘的兄弟。仿佛永远炎热的南部凤山，他们总是打着赤膊追赶玩闹。孙将军常常来看他们，与他们蹲在一起围着大锅吃饭，在乱世的恍然与不安全感中，让他稍微有家的感觉。

以前他喜欢带着孩子去动物园看大象林旺，看到林旺就如同看到老朋友一样，感情很深的老朋友。

“你们知道林旺是哪里人吗？”他问他的一对儿女。

“什么哪里人，它明明是大象，是非洲来的。”

“不对，是印度啦！”

“都不对，它是缅甸来的，孙将军把它带来台湾的。”

何孟云想起以前还在凤山幼总时，孙将军有一次带他们去看大象林旺，那时候还不叫林旺，叫阿美，还让它表演各种动作给大家看，让他们好开心。

后来儿女年纪慢慢大了，不再跟他去动物园了。他有时候心情郁闷就一个人到动物园走走看看林旺。

“现在情况已经那么糟了，说到底如果真有什么事，像我们这样真正奉公守法的小老百姓总是第一个牺牲者……真他妈的政府无能，搞什么十大建设有什么用，再怎么说钱还不是都让财团赚走了。”

到了年底，一切情势都已经明朗化，与美国断交已经成定局，社会上弥漫着一股风雨飘摇的气氛。

这天，他载一个认识的老板到机场，路过中山北路，街两边酒吧的英文招牌仍然林立，绚烂而迷离，倒是许多委托行及卖洋货的商店已经挂出清仓大拍卖的布条。

“我看这些酒吧，以后少了美国大兵的生意，通通都要倒光了。”老板说。

“哈哈，这些女人吃青春饭的，快点从良也好，说不定还能回乡嫁个好对象。”何孟云有点不屑，轻浮地回答。

他心里暗道：“哼……商女不知亡国恨，看这些吧女以后靠什么吃！傍不到洋人了，再去找个不知情的诚实好男人埋单，把中国男人当什么了。”

“我看台湾很难撑过这次，最大的靠山都没了，以后，我看以后前途未卜，难哦！”

“撑不过还不是要撑，不然还能怎么办！不管怎么样都是命，我们不像老板你命好，全家都可以到美国去，我们只能跟这个破岛共存亡啦！”

老板显得有些不好意思，客套地说：“哪里的话，只是暂时去而已，到时候还是要回来的，其实台湾还不错啦！蛮有机会的。”

送完老板，他在机场排班等客人，嚼着槟榔想事情。

他不是真的喜欢嚼槟榔，以前甚至有些看不起嚼槟榔的本省人。有一次同行硬塞给他，勉强地嚼了几口，一种很玄妙的滋味，身体发热飘飘然的，说不出是什么感觉，倒也不是从此迷上，就是烦闷时会刻意去试几口。

他看着许多家庭拎着大包小包出境，虽然众多包袱沉重，但脸上充满笑容。他看到这一幕，越来越烦。

“美国美国，都是美国搞出来的，什么正义国际警察，都是骗人的，什么复兴基地宝岛台湾，什么不沉的航空母舰，都他妈的利用我们而已，唉……国际社会果然没有朋友，姑息主义盛行！自由女神都被铁链捆住了。有钱人还能逃到美国，像我们这些，难道要跳太平洋？”

轮到他载客，载到一个洋人。

“哼！”他冷笑了一下。

临开车前，他往车窗外吐了槟榔渣：“呸！”这坏习惯也不知什么时候养成的，赤红红的一摊槟榔汁曝在地上。

“你们中国人好努力呀！生了那么重的病都还在工作。”后座洋人看见了，用不甚标准的中文感叹道。

何孟云被这么一说，也不知道该怎么解释，就干瘪瘪地“哈哈”笑了两声，索性不回应，心里想的却是李小龙那一句：“中国人不是东亚病夫。”

他心里想：“这些死洋人。”一边观察着这人面相，既然他会中文那就好办了，想着等会儿怎么跟他介绍一些酒吧三温暖啥的，带他去还能赚点佣金。

广播里仍然传来与美国外交关系变化的新闻。虽然这是大家都明知的事，但不知道为什么新闻里还是要一再重复。

听了就烦，转台。

“美国不要台湾，台湾就没了。”没想到这洋人太不识相，不知道外国人是说话不懂委婉太直接还是有意说出。

何孟云一听，火气就直冲脑门，大怒。

“你给我滚下车，我不载你们美国人！”他紧急刹车喊道。

“我不是美国人，我是英国人啊！”洋人显得不知所措，赶紧解释。

“美国人、法国人、英国人都是一样，给我滚！”

洋人狼狈地在中山北路繁忙的快车道下车。何孟云扬长而去，心里得意扬扬，想到自己竟然也有这么一天，能够对着“洋大人”出一口气，不知道那风光的一幕有没有熟人看到，可以拿来说嘴好一阵子了。

集体向美国特使专车丢鸡蛋

路经美国领事馆，那儿已被层层警力包围保护，外面是抗议的群众，把整条马路塞得动弹不得。何孟云索性不做生意，跟着围观起来。

现场气氛热烈，人人情绪高昂，同仇敌忾，只要有人登高一呼，就有人激动地回应。

好一个让群众解气的场子，但何孟云也感觉到群众中有些人气质很熟悉，虽然也跟着摇旗呐喊，可是那种感觉摆明就是混在群众中的情治人员。

群众中传来一阵骚动，有人焚烧星条旗，引来一阵欢呼与掌声。

有人打扮成自由女神的样子，把自己绑在十字架上面，嗯……很有创意。

有人把一整袋花生“哗”的一声撒满整地，抗议的群众兴奋地往上踩，不断传来酥脆的破壳声，众人一边咆哮大骂这个卖花生的卡特。

看到人群那么激愤，都为了同一个目标而抗议，何孟云胆子也大了起来，学着别人扔了几颗鸡蛋，越扔越起劲，恨不得告诉大家他刚才的经历。

时间晚了，喊得累了，何孟云才带着满腔的满足感回家，但一回到家，就撞见妻子匆匆忙忙地要外出。

“阿健在外面跟人家打架了，现在被少年队抓去了，快点啦！”老婆大喊。

何孟云一听就呆了，怎么可能，阿健平常不是很乖的吗？现在不是天天补习准备考高中吗，怎么会跟人家打架？

他载着老婆飞速赶到警察局，一路上两人忐忑不安。

“阿健怎么会学人家打架，他平常在家都很乖的呀！”

“一定交到坏朋友了，对！一定是被人带坏的。”

“他才十五岁，如果留下案底那该怎么办，一生都完了。”

越想越糟，心里也不知道怎么办，还是先去看看再说，他又踩了一下油门，开更快了。

跑进警察局，就看到一排穿着制服的少年蹲在地上，一只手抬起被铐在横杠上，面前有个警察拿着警棍挥舞训斥。

同时到场的父母也不少，很热闹，好几个母亲声泪俱下，不敢相信自己的小孩会打架，哭着拉着警察说自己小孩是被坏朋友带坏的，要警察严惩带头的。

原来这一天下午，阿健与美国学校的学生打架了。

说打架也不准确，阿健这书呆子怎么可能跟人打架，他就是不小心卷进这件事的。

美国学校旁边有间弹子房，平常有些美国学校学生放学不回家会跑去打弹子。虽说未成年人跑到不良场所会被警察抓，但警察对于这些美国学生的行为，甚至恶行恶状，通常都是睁只眼闭只眼。第一是因为警察一看到美国人，心态上就矮了一截；第二，找美国人麻烦之后上面肯定有压力，最后一定不了了之；第三，警察英语普遍都不怎么样，没有人想自找麻烦。

这天不知道怎么了，平常他们去的那间弹子房没开，这些美国学生不爽地踢了几下铁卷门，决定过桥到另一间弹子房去。

也不是没有人警告过他们，最近是非常时刻，下课快点回家不要在街上乱跑，可是，他们自恃着特殊的身份，依然故我。

这一过桥，也算是“捞过界”了，跑到一个比较陌生的地方，也不懂得低调点，继续打他们的弹子。

这些美国学校学生算是“生人”，占了几桌。所谓“不良场所”之所以成为不良场所，就是因为都是一群熟悉的不良人士聚在一起，才有办法壮胆一起不良，今天突然跑进来一批生人，又那么嚣张，自然引起原来的人侧目不爽。

因为台位的问题，这些美国学生与其他人发生了一些争执。美国人装傻不懂中文，而几个华裔ABC又出言挑衅，火上加油。

“他妈的假洋鬼子，给我打。”现场的带头大哥忍不住了，大声一喊。小弟拿了球杆就冲了上去。

几个“小弟”也只不过是干瘪瘦弱的中学生，哪是人高马壮美国人的对手，纷纷败下阵来。

带头大哥见小弟不敌，三十六计走为上计，怀抱屈辱暂行撤退，留下美国人的嘲笑声。

大哥急欲招集人马杀回去，不过大概是威望不够，登高一呼，无人响应，他心里整个急啊！面子挂不住。

时值放学期间，他索性在街上拉住几个路过的学生：“你、你、你，给我过来。”这些学生呆呆的，平常就只会念书，看到一群凶神恶煞就不知道该怎么办，乖得跟羔羊一样自动走过去，这样竟然也找到快二十个人。

大哥带着那么多人浩浩荡荡走在街上，好有面子，走路都有风了。他想，回去把那些洋鬼子狠狠教训一顿，也算替我们中国人出一口气。

回到昏暗的弹子间，美国学生本来还嚣张地嬉笑怒骂，一见到大哥带那么多人回来，脸都绿了。

“同胞们，我们被这些死阿兜仔欺负得还不够吗？今天，就是我们百姓替政府报仇的时候啦！”大哥喊得慷慨激昂，一声令下，“给我打！”小弟见人多势众，信心大增，首先冲了出去。其他学生不明真相，有点紧张，都想见机行事，笨笨地跟着在后面冲。

洋鬼子也没看清楚真正打他们的也就是原来那几个干瘪瘦弱的小流氓，见对方人太多，抱头乱窜四处逃。

而这些本来乖乖的中学生，看到此景，竟然也起了杀心，反正自己人多怕什么，平常就看这些美国学校学生很不爽了，就跟着一起追打起来。

阿健本来有点内向，在父母面前也算乖巧，可是就在跟着追打的这个时候，他竟然有种快感，简直比李小龙打洋人还威风呢！本来他只躲在后面摇旗呐喊，最后也忍不住凑上去跟着踹了几脚。

正当大家还在以中华民族存亡为己任的兴头上，外头传来几声尖锐的警笛声，把所有人拉回了现实。大哥跟小弟果然是职业的，见状不妙先开溜了，留下一群不知道该怎么办的中学生。

大批警察冲了进来，哨音的嘀声此起彼落：“通通不要动，通通给我蹲下，手抱在头上。”

带队警官见几个年轻美国人倒在地上哭爹哭娘，心里说：“惨了惨了，官升不上去了。”

情况众说纷纭，在警察局里的父母都忧心忡忡，不知道该怎么办才好。

何孟云盯着阿健。阿健头都不敢抬起来见父母。

他心想，不对啊！这事本质就是年轻人看不顺眼打架而已，怎么只抓中国人，不把那些美国学生也一起抓回来呢？

“长官，照理说你们也该把美国学生一起抓回来才对。怎么就不抓他们了，你这是偏袒他们，胳膊往外伸是吧！”何孟云发难问了。

现场家长好像抓住一根浮木，觉得非常有道理，开始责问起警察，任何可能的手段都要为自己子女开脱。

面对家长的连番责问，警察有些招架不住，打官腔也挡不住现场的怒火。也许是他们自己也觉得有些站不住脚，所以态度也越来越软。

家长就这样闹到深夜。警察把带头大哥与小弟抓到，事情才告一段落。警察也想大事化小，形式上请家长签个名，再训个几句，讲些“好好读书，不要做坏事”的空话后就放人了，算是皆大欢喜。

回家路上，三人不发一语。

阿健想：“惨了，爸妈生气了，等会儿回到家不知又有什么处罚要面对。”

妈妈在想：“唉……难道是我教育方式错了吗？儿子怎么会学人打架还被抓到警察局呢？我真是个失败的母亲。”

何孟云想：“他妈的美国政府欺负我们，连他们的人民也要欺负我们，政府从上到下都软弱无能又怕事，难道美国人是人，我们中国人就不是人啦！太不公平了。”他越想越气。

三人都沉默。

过了几天，美国政府特使团一行要到台北谈判。民众很早就知道这个消息了，身为退伍军人的何孟云，也收到后备单位通知，希望能组织一起去现场向美国政府抗议。所以，社会上气氛高昂，就等着这一天来到，摩拳擦掌，就算事情已成定局，也要让洋人看看我们的志气。

当晚何孟云来到松山机场出口处附近，路两旁的抗议现场已经是人山人海，说是路，只不过是被警察隔开，仅容一辆车刚好开过的狭道。民众情绪激动，准备替代表团“接机”，一想到等会儿的“盛况”，民众情绪又再次被点燃，高昂起来了。

现场好多人拉起白布条，抗议美国政府背信弃义，各个单位组织机关院校也举起牌子，自报家门，表示自己的心与政府同在。大学生们最热血，不断带领民众喊口号唱歌，每个人心中都热血澎湃。

“姑息逆流弥漫国际。”

何孟云在抗议人龙的中端，才拿到两颗鸡蛋，就听见机场方向传来一阵骚动，转头一看，几辆黑头车缓缓开过来，从两旁抗议民众间驶过，车身离抗议民众近得民众几乎都可以拍到车窗了。

美国特使的专车竟然没有警车开道！

一阵喧嚣，只见不知道哪里飞出一颗鸡蛋，完美的抛物弧线“啪”的一声，精确地碎裂在车窗挡风玻璃上。

人群中爆出一阵欢呼，紧接着，更多的鸡蛋在空中飞翔，密密麻麻，砸向车队，鸡蛋碎裂声不绝于耳，黑色车身上流淌着黏黏的黄色蛋汁，挡风玻璃上的雨刷都赶不及清洗了。每个人都用鸡蛋表示愤怒，砸向背信弃义的美国人。

何孟云也用力丢出手中的鸡蛋，第一颗太愤怒导致用力过猛，差点丢到对面的人。他还想可惜浪费了一颗，第二颗，不偏不倚砸中车窗，他仿佛看到车内洋人惊恐的样子。

怪的是这车队遇到群众蛋洗攻击，也不加快速度，还是维持着常速前进，仿佛在赎罪一样自愿接受惩罚。

车队一过，民众欢呼了起来，好像刚经历了一次重大胜利似的，开始喊起口号。

“打倒美国帝国主义！”

“卡特政府滚蛋！”

“自立自强！”

口号一出，一呼百应，现场的每一位民众都陷入一种狂热的情绪当中。

何孟云心情正高昂，已经到了最高点，有种不吐不快的冲动。

“政府无能！”最后，他大喊了一声。

现场群众愣了一会儿，然后，也跟着欢声雷动兴奋大喊：“政府无能！”

没想到自己也能得到民众的呼应，何孟云飘飘然得意，没想到自己也能有今天，可以的嘛。

突然，他感到背后传来重重一击，撞得他眼冒金星，差点摔倒在地，四周又不知道哪里冲出来一些人，直接把他扑倒在地，又是一击。

何孟云眼前一黑，失去了意识。

何孟云的妻子就是标准的家庭主妇。她每天想的就是怎么把家整理好，忙的都是那些芝麻蒜皮的生活小事。她不会去管政治之类的事，也不关心，因为那离家常很远很远，可是这几天，她总是要胡思乱想，想起以前父母长辈悄悄聊的，有关政治黑暗、突然失踪等事情。

家里的顶梁柱突然失去联络，失踪了，她急得不知道该怎么办，他会去哪儿呢？还能去哪儿呢？报警吧！也没回应，小孩又问爸爸哪里去了，只能说去找老乡了以搪塞一阵，其实过几天怎么办她心里一点底都没有。

还好，说“还好”对她来说真的是松了半口气，还好，过了两天，当她买菜回到家时，发现家门是开的，屋内有一群人在翻箱倒柜，弄得一团乱，看有人回来了，陌生人态度还算好，表明自己是调查局的，说明了来意，这时，她才知道何孟云哪里去了。

知道何孟云的下落，她心中的石头落下一半，但还悬在那晃荡。她才不管什么单位，也不懂，只知道什么调查局和警总这些单位总是连在一起的，每次一提到这些单位，就没什么好事。

调查局的搜也搜不到什么有用的东西，只对她晓以大义，就拍拍屁股走了。她瘫坐在椅子上不知道该怎么办，开始大哭，然后打电话给娘家号啕大哭。

何孟云被抓一点都不意外，在那种政府安排好的场子里，绝对不容许有一点小小的插曲，何孟云这么一喊，超出了能够掌握的范围，有即刻的危险，就马上被抓。

当他醒过来发现自己坐在一个小房间时，就知道是怎么一回事了。

接下来就是无止尽、不断重复的询问，疲劳轰炸。

当然问不出个所以然了，所以办案人员又从他的出身、经历，通通帮他回忆一遍，嘲笑一遍。这让他在极度疲劳的精神恍惚之中，仿佛把人生又走了一遍。

他不断在想，要是那一年，我怎么怎么样，做了什么选择，或许现在就怎么怎么样。

最后，何孟云被要求写自白书。他根本没犯过什么罪，也没参加过什么组织，这自白书怎么写呀！他只好从他愉快的童年开始写，写到随部队来台湾，在幼总的经历，参军、结婚、退伍、开出租车，洋洋洒洒三万多字，俨然一篇自传。

大概是办案人员觉得再查也查不出什么，反正就是一个过度激动的小老百姓，再查也只是自找麻烦而已，遂草草结案，但也没有理由地继续关了何孟云好几天。

这年的最后一天，何孟云的妻子带着孩子，失魂落魄、跌跌撞撞地回娘家。这天是星期天，本来街上商业区应该都是热闹的逛街人潮，可是今天一反往常，到了下午，几乎所有的店都拉下铁门不做生意，街上人都不见了，如同一座空城。

尤其几间银楼当铺，除铁门拉下以外，还堆了好多沙包在外面，气氛除了萧条，还带了几分肃杀。

她心想："怎么办，明天开始台湾会变什么样？'共匪'会不会打过来，孩子都还没长大，男人又没了，这该怎么办？"

她回到娘家，母亲来应门。门一打开，她就哭倒在妈妈怀里。

年迈的妈妈像在安抚一个小女孩般，拍拍她的头。

"免惊免惊，不会有事，全家人聚在一起，彼此有照应，就不会有事。不要哭，真的遇到了就要勇敢，云仔会回来的。"

何孟云莫名其妙被抓了进去，现在又莫名其妙地被丢了出来。

他走在路上茫茫然的，打电话回家也没人接，心里忽然一下空了，没有个底。

三十年前，他失去过一次家人，到现在音讯全无，他害怕又失去一次，最后不知怎么回到家的。

进门一看，有张妻子留的纸条，说回娘家去了，他才安心下来。

赶到妻子娘家，一见到妻子，两个人相拥而泣，都哭得稀里哗啦。丈母娘在旁边也没有多说什么。

何孟云觉得他的人生真是太幸福了，有那么好的妻子肯等他，有那么好的丈母娘教出那么好的妻子，丈母娘虽然啰唆但还是一直很关心他，把他当儿子一样，一对儿女普普通通但健健康康，这一刻他真的有家的感觉。

有家的感觉，他觉得什么都不重要，什么都不怕了，这一刻，他觉得就算天塌下来都有勇气顶着。

气球宣传单上的祖国风光

我来到一个叫南庄的小镇，在台湾中部苗栗县，背依着中央山脉。

这真是个可爱的地方，它具备了一切山中小镇的元素，有大片的田野，有石板路，有红砖房，有老式电影院，有各种风情小店及客家小吃，当然也有淳朴的百姓，浓浓的台湾五十年代风格。

往东看，中央山脉线条分明，起起伏伏不知道延伸到什么地方，隐藏在云雾中，山上植被杂乱丰富、五颜六色却平淡祥和。南庄被翠绿的群山环抱，前面有条小溪淙淙流过，好像一个遗世独立的小王国，清静而安详。

南庄是个曾经被遗忘的小镇。过去，它位于汉人与少数民族交界处，各种交易盛行，但也留下许多血腥的族群冲突故事，后来，这里又因伐木或采矿，大批的淘金客涌入，繁荣一时，直到矿源渐竭，又随着产业没落而变得寂寥。

几十年的时间，大批青壮人口离开南庄，人口外流严重，就跟绝大部分偏远地区小镇一样，只剩下不愿意离开的老人还守在这里。

南庄的复活，归功于旅游业。

“既然这里还留着那么多古朴的建筑，我们就拿这当卖点吧！”民宿老板跟我说。

对于喜欢怀旧风格的人，南庄简直就是个天堂，有老镇，又有好的山水。当然，不可不说到一群有梦想的本乡年轻人，在他们的努力及争取下，竟然又把这个没落死气沉沉的小镇搞活了。

南庄，真是个适合秘密旅行的地方。

“南庄就是用这种假假的小情小调吸引你们都市人的。”民宿老板开口说。

这老板小的时候全家都搬到台北去了，在新竹“清华大学”毕业后进入高科技公司，拿着高薪，顶着科技新贵的头衔，谁都要羡慕。

“哈哈，‘清华’‘交大’就是台湾科技业新鲜的肝源而已。”他如此自嘲，“我有一回爆肝之后，才意识到赚再多钱都换不来健康。”

在半山腰的民宿平台上，老板跟我聊他回南庄生活的往事。

“其实南庄在六七十年代还有一个特产，就是空飘气球，嘿嘿！这个没多少人知道了。”他话题一转，终于要开始讲我想知道的事了。

看来这老板真有意思，非要拉着客人先听完他的“心路历程”才讲正题。

“我小时候就觉得南庄是全世界最美丽的地方，又或者说，自己家乡是全世界最美好的地方。当然，这种自信来自我从来没离开过南庄，不知道山外面的世界是什么样子，其实我住的地方还是南庄下面更往山里的一个村呢！现在那个村已经是废村了，前不久我还开车去看过，房子都跟要融在山林中一样。

“你肯定无法想象，我的世界观是被什么影响，第一次见到外面的景色是通过什么方式，就是大陆飘来的气球啊，哈哈!

“那些年，镇上的矿场一间间地关掉，好多人的爸爸妈妈都离开南庄，到外地找工作，所以跟我年纪差不多的小朋友，很多都是祖父母带大的。我比较幸运，妈妈还在家。别以为我妈是想在家，她宁愿也去台北工作。有次爸爸从台北回来没几天又走了，正当妈妈也要出去时发现自己怀上了，只好留在家里。

“我可羡慕其他小朋友了。祖父母对他们那么好，不像我天天被妈妈追着打。对啦！还有那些山胞小朋友，简直自由自在，想往哪里跑就往哪里跑，大人都不管的。

“哦对！我要讲的是空飘气球。通常到了冬天，阴冷冷的天上总是会飘过来几个白白的气球，也没有乡民说得清楚这些气球最早从哪一年开始飘来。每次有气球飘来都免不了引起一场骚动，本来冬天乡民们死气沉沉的情绪一下又被点燃，好像山里小黑蚊感应到人类闯入的气味般，都兴奋了起来。

“只要在这个时候听到派出所所长老牛那又长又尖锐的哨声，更多人就知道气球又来了。村民们对着天上几个白白气球指指点点，奔走相告。如果飞得太高，看样子是降不下来了，只能眼巴巴地祈祷它爆炸掉下来，或者无奈地苦笑，摇摇头看它继续飞，消失在山里面。如果好像有可能接近地面，撞进山间树丛间，大伙就开始凑热闹似的追，好像在抢头香。

“老牛退休后也搬到台北去了。我后来还见过他，跟他聊到这些往事，他哈哈大笑，说他那时每次一听到气球又来了，就忍不住要感叹发一下牢骚，那种感叹就是：唉……一年又过去了，又不知道什么时候能调走，然后只能照例戴好帽子奔出去吹哨子指挥警告乡民。

“我印象里，第一次见到这种气球，正在油菜花田里帮忙采收。你现在来的时间不对，如果是冬天大概一月来，就能看到油菜花盛开的画面，真美。天色是惨灰，而油菜花明亮的色系渲染，泛着金光的橙黄，倒是增添了一些温暖的感觉。

“我在田里，经常是表面上在帮忙，大部分时间打混玩乐。我拿着破网在黄花丛间追逐，调戏翩翩飞舞的小白蝶及采花蜜的蜜蜂。那天，我听见远处田里有骚动，而声音越来越近，远望那个方向，从山的那一边浮出了两个白球，下面好像还挂着些东西，缓缓地，随着风，一下快，一下慢，一下又被吹斜吹偏，下面挂的玩意如坏掉的钟摆恣意摆动着，而两颗白球离得越来越远，其中一个白球往我们这里来，另一个又越过另一座小山往别的村庄去。

“大人们放下手边的活，虎视眈眈地抬头观察气球的走向。好多小朋友丢下手中抱着的庄稼，追着白球吵闹追逐。突然‘砰’的一声闷响，气球炸了开来，几包东西掉了下来，还有油印发亮闪闪的纸片散落，哗啦哗啦，随风飘扬，一片片撒在金黄色的油菜花上，撒在全村各处。

“这时，老牛尖锐的哨声一定同时到来。这老牛每次也说同样的话：‘大家不要动！好！现在慢慢捡起来，一张都不要给我少，还有那几包玩意，千万不要去动，那是“共匪”的炸弹，交给我老牛处理。’真是老梗，几十年也不会换新的词。”老板用山东口音学着老牛说话。

“村长也是一样，会说什么气球炸弹是‘共匪’的阴谋，为的是要破坏我们台湾社会的稳定，大家一定要听政府的话，如果诚实上缴，政府一定会奖励各位。都是废话。

“这时候总是会瞄到有几个大人偷偷动了动脚，用脚刨出一个坑，偷偷把那些掉下来的袋状物踢进去，再用脚拨拨土把它埋起来，等警察跑过来就装得一副若无其事的样子。老牛看到的，就开始好说歹说地劝他们拿出来，没藏好被抓到的人脸上一副失落样，躲过的人有点幸灾乐祸地互使眼色。至于那些小纸片，村民就热情地帮忙捡，不仅在抢着捡，还跪着蹲着在土里查看，一张都不放过。只见村民们捡好，脸上充满了期待的样子，开始在村长前排长队吵着要钱。村长数着纸片，按张算钱，一张发五毛钱。村民们领了一笔意外之财喜滋滋地离开。

“我记得我捡到一张，看着上面的文字，好奇地大声念：‘毛主席教……啊……这什么字啊！’哈哈，现在我知道了，上面写的是‘毛主席教导我们……’我依稀记得那张宣传单闻起来有种奇怪的味道，而上面印着几个年纪跟我差不多的小朋友，欢乐地抱着庄稼，背景是金黄色的稻穗，大丰收的样子。结果民众服务社主任刚听见我在读就大惊，喊：‘不要看！上面有毒，看了眼睛会瞎掉。’这一吼可让我吓得闭上眼睛把手中的宣传单丢掉，结果马上奔过来个乡亲抢走了。

“那一年除夕，我们整个家族一起围炉吃团圆饭。妈妈煮了一道菜，用草菇火腿炖了河鱼，那火腿的滋味是大家都没尝过的，赞不绝口。问妈妈是怎么做的，她只是笑而不语虚应了几句，众人好像有点心照不宣不再问。

“我早前在厨房里乱跑，已经看到那藏着的火腿，纸包装上面写着四个大字：‘金华火腿’。我那时还小，知道‘火’后面肯定是接着‘腿’这个字，那么，‘金’后面接着这个字是什么呢？‘人’字旁，旁边一个‘七’，下面有点像‘十’，明明笔画很少，奇怪怎么还没教这个字。我又想，上面那个字应该是化学的‘化’，那么老师教的‘有边读边，没边读中间’，同样的道理，上面那个字认得出，那这个字应该是读‘化’了。

“我急于在亲友面前证明自己懂得多，就大咧咧很得意地说：‘我知道啦！这是金化火腿啦！’旁边大我几岁的堂哥也不甘寂寞，说：‘明明是金毕火腿，“共匪”送的啦！’我们两小孩此言一出，热闹哄哄的气氛瞬间跌到冰点，突然一片沉默。我偷偷转动脖子瞄大家一眼，夹菜的夹菜，低头吃饭的继续低头吃饭，沉默不语，一片冷静。

“那个场面太搞笑了，童言无忌嘛，还是我爸厉害，尴尬地打圆场，说：‘没有啦！不是啦！是朋友在台北金华街的店里买了送我的，很有名的金华街火腿啦！’我看他其实吓出一身冷汗，还好他知道台北有一条金华街。

“堂哥说‘共匪送的’，我一开始还以为是一个人姓‘共’名‘匪’的，怎么有那么奇怪的名字，学校老师怎么又跟我们说‘共匪’很坏呢？可是那么坏的人怎么还会送我们肉吃，我就想，他应该很厉害吧！可以成为‘蒋总统’敌人的人应该很厉害的，就好像以前布袋戏史艳文的敌人是藏镜人一样。老师总是说他很坏，可是到底坏在哪里呢？‘共匪’到底住在哪里呢，也没有人知道，没有人敢问。

“如果收集到一定数量的宣传小卡片，可以换彩色铅笔或垫板，这对小朋友吸引力可大了。到后来，一听到外面传来‘砰’的一声，第一个反应就是‘气球’，就想往外跑去追，捡到飘来的传单还可以换礼物，想想这‘共匪’怎么可能是坏人，简直就是好得不得了。

“你知道小朋友都会把老师的话当圣旨，开口闭口就是‘老师说’对吧！嘿嘿！老师在我心中形象破灭也是因为传单的关系。老师常常说，传单上面都有毒，摸到了看了眼睛会瞎掉手会烂掉。搞得有好一阵子，我看到传单都要用筷子去夹。

“可是我们后来就觉得奇怪啦！怎么老师好像都直接是用手去拿的，小朋友就觉得可能是大人抵抗力比较强才不会中毒，小朋友摸就会中毒；又有人说上面闻起来有种怪怪的味道，那肯定是毒，大家就想，那肯定是‘共匪’的阴谋，让你的头脑闻了之后变笨，我们班有个看起来呆呆的同学，他又很喜欢捡传单，我们常笑他就是捡太多才会变得那么笨！

“我们班上有个女同学她爸爸就是学校老师，平常喜欢装作懂得很多的样子，结果她得意扬扬地说漏嘴了。她告诉我们，那才没有毒，她爸爸每次收一整堆放家里，怎么可能会有毒，那个怪味是油墨的味道。她说得对，那的确是劣质油墨的味道，结果，她这么一爆料，老师伟大的形象在我们小朋友之间轰然倒塌，从此讲话变得跟放屁一样，哈哈！

“后来不知道从哪一年开始，也不知道为什么，宣传单的风格，以及里面的宣传内容有了很大的改变。自从我在上学路上捡到那几张印得油亮的传单后，整个世界观都被颠覆了。

“我记得其中有一张，几乎只有两种颜色，绿色与蓝色，一棵树都没有，上面写着‘内蒙古草原’；另一张，一望无际的沙丘，连绵不绝，上面写着‘戈壁大沙漠’；还有一张，好大的瀑布，又宽又大，不知道比山里那个大几百倍，旁边写着‘黄果树大瀑布’……一张张的传单，每一张风景都不一样，还有一本小册子状的传单，是大陆各地的风光，那是从小生活在南庄的我们从来没见过的惊人景色。

“我看了先是吓一跳，后来有点沮丧。我总以为南庄是世界上最漂亮的地方，没想到在山的外面竟然有这样的风景。那时就好想出去看一下，什么时候才能去看看这些地方呢？

“在那之前的宣传单，风格不是这样的。有一张我印象很深刻，那是一张印得挺模糊的黑白照片，照片里有个头很大的小孩，头大到我都忍不住摸摸自己的头，旁边有个满脸愁苦沧桑的妇女牵着他，两人都穿着破破旧旧的衣服，旁边文字写着‘台湾南投县的一户人家，小孩得了脑水肿，没钱医治，在富裕强盛的祖国，绝对不会有这种悲惨的事’。

“我的头本来就很大，常被取笑。那张图片中的小孩模样太吓人，让我又摸了好几次头，其他什么祖国建设进步的传单都没什么印象，倒是这张忘也忘不了，哈哈！

“当然啦！这些漂亮风景的宣传单对小朋友来说可真是个诱惑，甚至大过可以换文具或钱的诱惑。尽管老师三令五申，捡到‘共匪’的宣传单一定要交给老师或警察，但很多小朋友开始偷偷收藏，趁着老师不注意还会拿出来看一下上面写些什么。

“看到好多大陆风光的照片，从海南岛到东北大草原，从新疆到上海，还有黄河长江，四大名岳。看着背后的说明描述，我在课堂上都不专心了，那时开始觉得南庄真是太小，也就那几座小山，小破河小湖，原来外面的世界那么大。看着看着我的魂就飞越了包围着南庄的几座山，跨过台湾海峡海的那一边，神游大陆各地。

“我还从传单上学到了好多词，比如‘每逢佳节倍思亲’，我就把这句写在作文里面，还被老师称赞。老师问我从哪里学来那么好的词，要教其他小朋友，我只好神秘地傻笑，当然不能说哪里学来的，想想说出来恐怕就要被抓去关了。

“这种风景的宣传单大受欢迎。小朋友们私底下也开始在收集，互相间会换来换去，比如说，有个宣传‘大丰收’还是‘大团圆’的‘大’系列，要两张才能换到一张‘青岛风景’‘北国风光’啥的；有时有季节限定的宣传单，比如中秋节的‘月圆人团圆’，要用三张‘祖国风光’才换得到。久而久之，这些宣传单的交换方式，慢慢形成一种‘汇率’，每次气球这样一撒下来，同样的很多，偶尔会有几张比较罕见的传单，如果谁捡到这罕见的版本，还会变成同学们巴结羡慕的对象。

“越来越多小朋友在收集空飘传单，反正被老师抓到就说要缴给老师就对了，至少还可以换点小玩意。也难得有人说漏嘴的情况发生，每次一有人说漏嘴或正义之士检举，他们都会被排挤。反正每次一听说哪里又有气球掉下来，小孩子就一窝蜂地抢着去捡。有些人想赚外快，有些人是想收集。

“对啦！在夏天的时候，通常会收到另一种传单，上面写着奇怪的文字，似懂非懂，歪七扭八，好多错字，后来才知道那是简体字，是台湾这边要飘过去给大陆的，也是在这附近的高地放飞。不过比起冬天飘过来的那种，夏天的看起来顺眼多了，上面印着比较熟悉的‘蒋总统’，十大建设，还有眼熟的台湾景色，偶尔会有清凉的美女图片。

“那时候一开始不知道这些传单是台湾自己印的，我就想，宣传单还会换季？夏天比较热所以美女就穿得比较少？不过夏天的宣传单就是天天看到的那些东西，一点都不稀奇，所以收集的欲望也降低很多，于是很多人就想交给老师，看能不能换点奖品。

“老师说啥，帮政府捡回这些传单是我们每一个人的义务，当然不能换奖品了。结果老师这么一说，全班哗然，还说人家‘共匪’呢，自己人更匪。

“都知道这些写着简体字的宣传单是我们这边放的，也不能换奖品，那大家也就没什么收藏或捡的兴趣了。我还看过一种夏天的传单夹带着些蓝红白边的航空信件，上面常写着‘致某某军区某某司令员’。我那时还是比较单纯的，觉得虽然自己的传单不能换到什么东西，但信件应该是比较重要的吧！好心之下就把它投到村里信箱中了，哈哈……”

这民宿老板的故事听得我啧啧称奇又哈哈大笑。以前我只听说过台湾常放空飘气球到大陆去，很少听过有大陆的空飘气球飞到台湾的事情，没想到只是我孤陋寡闻，还真有这回事。

我第一次来到南庄这个地方，就跟以前到过的那些特色小镇一样，本来只要待一天的，不知不觉，就待了三四天。我每天骑着自行车在街上闲晃，中午吃点客家小炒配米饭，下午睡个午觉，醒来后在露台上泡壶茶看看书，一天又过去了。

这两天又跟老板聊了很多南庄过去的事情，于是，有个关于空飘气球的故事，在无目的的小镇闲晃中，慢慢地在我脑中形成，这故事越想越荒谬。

在南庄的最后一个下午，我把这个故事写了出来……

小学生哄抢传单事件

有天早晨，正在升旗典礼，全校师生聚集在操场。

当所有人举手注目那缓缓升起、随风摆动的旗子时，一个白色小点从天空的云层中出现。所有人都看到了。

虽然旗还在升，曲子还在放，每个人的心却都已经不在这儿了。随着小点越来越大。“来了！”每个小朋友的心都在默默计算高度和风向，越来越亢奋激动，等到旗子一升好，操场爆出一片喧哗骚动。师长们看到这一幕，表情越来越紧张尴尬，校长的脸色都已经铁青。

突然天空传来闷闷的“砰”的一声，开始飘下密密麻麻的宣传单，被风吹得越来越散。小朋友的心已经压抑不住，爆出了欢呼声。大批的宣传单随风飘到操场。

“大家不要动，各班导师快带学生回教室，通通不要捡，上面有毒！”校长嘶吼着大叫。他瞄了旁边的人二一眼，人二面无表情地看着一切情况的发生。

这个时候谁管那么多呢！在场的小朋友都已经高兴得疯了，老师控制不住，抢的抢，捡的捡，只要在操场上的人几乎是人人有奖，皆大欢喜。

校长见到这一幕，万念俱灰，暗道：“完了，要被调到更深山里了。早知道，就跟人二打好关系，唉……现在想这些也已经没用了。”只好被动地宣布，“请各位同学帮忙捡拾传单，绝对不可以看其中的内容，各班老师请负责回收传单。”

说是这样说，但其实结果谁都知道，就随便交上去几张不值钱很普通的，其他的能藏都已经藏好了。不管老师如何警告威胁或请求，顶多再敷衍地交一两张上去，一看就知道远远不足掉下来的数量。

发生这样的事，不仅校长感叹自己前途不保，乡长、警察老牛、民众服务社主任都赶来了，谁都不想在自己的管区发生这种事，但既然发生了，只好硬着头皮善后。几个大人了解情况后，心中都有了自己的小算盘，各怀鬼胎。

被人二一往上报，事情瞒都瞒不住。

要是掉在荒郊野外、山里田边和水里也就算了，偏偏就这么眼睁睁地在升旗典礼时大批大批地飘进操场。

那么多传单到底消失到哪里去了？

民众服务社主任交上去的报告写：“经查匪使用最新阴谋技术，匪单爆破后一小时即自动分解风化。”

警察老牛的报告是这样写的：“学生不齿匪单上不实污蔑与宣传，盛怒之下自行撕毁。”

而村长是这么写的：“因村中物资缺乏，村民勤俭刻苦，习惯用宣传单当助燃燃料或大解时使用……”

这些报告交上去，据说上面人一看勃然大怒。

“你他妈的通通当我白痴啊！你们摸摸自己良心，这种理由你自己相信吗？就算你去跟印刷机交配也给我生出来。”

这些报告通通被打了回去。

每个人都把责任推来推去，最后主任、老牛、村长取得意见一致，反正这事是在学校发生的，就都说校长要负最大责任就好。

校长可愁啦，要去哪里生这几百张传单呢？偷偷找印刷厂请人去印？他马上打消这个念头，要是被人检举，那跳到黄河都洗不清啦！风险太大。花钱跟村民买？重赏之下必有勇夫，可是他又考虑到他苦哈哈的乡村小学教员的薪水。他开始后悔以前没有存一些传单下来，唉……当时就是财迷心窍，跟学生收了那么多传单，然后自己拿去换钱，早知道应该留一些下来备用的……

最后校长什么都不想管了，说："算了算了……让老师们去处理吧！"于是，就把这个艰巨的任务又往下推，推给老师去做。

明志的爸爸是学校的老师，看到爸爸最近总是愁眉苦脸的，一问才知道校长竟然那么过分，把责任都推到老师身上了。气归气，但看爸爸压力那么大，他很想帮忙，所以就找了朋友出来商量。

"你们不是都藏着很多传单，可不可以拿一点出来呀？"明志求着他的朋友。

"你不是说你家里一直放很多吗？"山胞阿番想起这个事发问。

"没有啦！现在没有了啦！校长很坏，要我爸爸交八百张给他，要去哪里找呀！"

"老师家怎么会没有，那以前怎么不先存一些下来？"

"哎呀……请你们帮帮忙啦！好啦！我告诉你们啦！其实老师都要我们缴宣传单给他们，他们收集好之后就拿到派出所换钱了，就连校长也是，然后再买一些便宜铅笔送大家……"明志为了求大家帮忙，把实情都说出来了。

大家瞬间都有种被老师骗了的感觉，气死了，可是明志的忙又不能不帮，只好开始讨论各种解决的方法。

大家望着号称"大盘商"的阿猴，想看看他有没有办法弄到那么多的宣传单。

"可是我的都很珍贵呀！就那几张，反正只要凑差不多八百张对吧！那就把那些普通的到处都有的交上去好了。”阿猴很舍不得他珍贵的宣传单小卡片。

“都说你们客家人小气，到现在还在想珍不珍贵，就是因为珍贵所以可以换更多普通的，就跟一只山猪可以换很多米酒一样。”讲到以物易物，平常看起来总是傻呵呵的阿番这个时候脑子可清醒了。

几个小朋友绞尽脑汁，想办法要凑齐这些传单。

“那好吧！我有三十张风景的，可以换到一百张普通的。阿猴那么多，又比较珍贵，凑一凑换一换应该可以换到两百张。你应该有五十张，这样三百五十张了吧！”

“那剩下四百多张怎么办？”明志问。

大家都沉默了，还真的不知道该怎么办，总不能也跟其他同学说其实老师都把传单拿去换钱了吧！

距离期限越来越近，怎么跟其他同学蒙混拐骗都还差三百张。大家都已经尽力，把能凑到的都给明志了。

明志爸以前也教过这几个小鬼算术课，人还不错，所以看到明志爸压力那么大，明志跟着心情不好，大家心里也不好过，想破头都想再生出这最后几百张。

那天是期限的最后一天，早晨要上学，明志与阿猴在路上相遇，无奈地摇摇头。

正要说点什么，就看见阿番从前面快跑迎面冲过来，还没打招呼，阿番边跑边指着天上，明志与阿猴意识到了什么，赶紧回头一看，果然是一个气球。

这气球要高不低，往山的方向飞去，缓缓的，可能会撞进山里，也可能越过山继续……这时候也没空想那么多了，都知道只剩下这个机会，三个人一起往山里跑。

“快，这里有捷径！”他们随着阿番，跑进山丘土坡丛林里。阿番在树林里敏捷得跟脱兔般，另外两人明显跟不上阿番的速度，上气不接下气，还要不时抬头透过树缝看气球飞到哪儿了。

三人在树林土路间不断穿梭，也不知道跑了多远，什么时候能跑出去看，气球还是那副要下来不下来的样子，想放弃嘛觉得已经跑那么远了，如果等一下就掉下来那不是前功尽弃；继续跑嘛，又不知道什么时候才追得上，上学都迟到了。

树林深处依稀有三个山胞猎人，扛着猎物背着鸟枪，还带着几条猎犬。猎犬远远见三个小朋友冲过来，龇牙咧嘴地开始狂吠，引起了猎人的注意。

小孩已经跑到累得跟狗一样。阿番不知道对猎人讲了什么山地话，指指天上。

猎人抬头一看，眼睛仿佛发光，掩不住喜悦而气定神闲地拿出猎枪。

瞄准天上的气球，砰！

白色气球本来好像一个问号悠闲地飘着，子弹一穿破，瞬间就变成惊叹号，“咻”的一声掉下来，穿破树顶，一箱子挂在枝头，撒下许多叶子。

三个小孩跑到猎人旁，只见猎犬朝树上汪汪叫，猎人开心地大喊：“感谢上帝，又有酒钱啦！”

慢慢地把箱子从树枝上取下来，打开一看，哇！好几瓶不知道什么东西，像杀虫剂似的红白包装。

“啊！哈利路亚！感谢上帝，感谢‘共匪’老大哥，连买酒钱都不用啦！”山胞猎人大喜。三个小孩第一次知道这叫作“贵州茅台酒”。

差点忘记更重要的事，果然找到了整沓的宣传单，三人忍不住惊喜尖叫了起来，跟猎人对分后大概还有一千张呢！不仅补满了明志差的几百张，还多了好多。

平常一捡到，大家就会开始看哪一张是比较特别的，但今天来不及了，阿番跟猎人要了一个袋子往肩上一扛，三人就往村里跑。

“迟到好久了，怎么办，完蛋了啦！”

“现在跑到学校也来不及了，我看把不够的先藏在书包，直接跑到警察局，剩下的交给他们，就说为了帮政府捡传单，这样还有借口。”明志说。

其余两人都觉得有道理，于是改往村里派出所方向跑。

时间已经是早上九点多，三人边跑边想，现在老师应该都已经通知家长了吧！这下真的惨了，算了，现在想那么多也没用。

好不容易跑到派出所，怪了，怎么一个人都没有，连个外出牌都没挂，空荡荡的。

三人朝里面大喊：“老牛！老牛！”

还是没有人出来，倒是屋后面传来些喧哗声。

三人跑到屋后，从窗户上偷看，老牛、村长、主任都围在一起喝酒吃小菜呢。

“这酒真是够辣够呛，台湾哪里做得出来。”

“别说酒，还有什么西湖龙井、武夷茶之类的，台湾简直不能比……我以前还在大陆的时候，吃的梨都比椰子还大。你没看过那个黄河长江哦，加起来绕台湾好几十圈的。”

“主任你别说，你看那向天湖，在我老家也就是一个池塘的标准，什么蓬莱溪嘛，就是一条小破水沟而已。”

“唉……大陆真是地大物博，远比我们想象的多太多了，早日反攻大陆打回去就好了。”

主任与老牛听村长这么一说，相视冷笑“哼”了一下。

几个人你一句我一句，躲在外面的小朋友听了简直不敢相信，讲这些都要被抓去关的。

“来来来，干干干，敬毛主席。”几个大人仰头一饮而尽。

“阿嚏！”大概是满身大汗又吹了凉风，阿猴冷着了，打了一个喷嚏。

“谁？谁在那里？”老牛大喊。屋内三个大人警觉地转头一看。

明志与阿番本来要逃，阿猴脑子转得快，想想逃也来不及了，还不等屋内人冲过来，就先用力打开窗户。

“我们都看到你们在干吗了，好大胆呀！为‘匪’宣传了，连我们小学生都知道捡到‘匪’宣传单要交给老师，你看你们大人在干什么？”阿猴义正词严，但他的腿忍不住一直在颤抖。

“我看到了，你们在喝茅台酒，这不是有毒吗？你们还喝？”阿番索性也豁出去，跟着阿猴控诉。

“对，你看，旁边还有金华火腿，平常叫我们要交上去，其实都是你们自己吃掉的对吧！”

三个大人尴尬得好像光天化日当小偷被抓到，而且自知理亏，所以气势上就输了小孩很多，不知道该说些什么。

“不……不是，不是你们想的那样，你们小孩子不懂的，我们都是为了村民好……”村长首先开口了。

主任跟老牛脑子正超高速运转着，在想要用什么理由搪塞过去。

“你们就是不知道我们用心良苦啊！‘共匪’每次丢那么多东西下来，是真的有毒的，还好主任党性坚强，可以抵抗这种毒性。”

“对对，因为你们小朋友还小，书读得不够多，以后多读点书，好好报效党国，就能抵抗这种毒性。”

“那能抵抗毒性也不用吃掉这些东西呀！”

“这你们就不懂了吧！这叫敌情研究，知己知彼百战百胜，吃了这些东西才知道大陆同胞生活得那么辛苦。”

“说得对，吃这些‘共匪’飘过来的东西，是为了激励自己有一天要反攻大陆，光复大陆国土。”

“那你们刚才为什么谢谢毛主席？”

“我……我们哪有说谢谢毛主席。”村长捏把冷汗，“我们说的是邪邪毛主席，邪恶的‘邪’你们懂吧！”

“是啦！永远不能忘记邪恶的‘共匪’，不管何时何地都要记得。”

三个小鬼头本来气势十足，可也被三个大人这些似是而非的言论给搞蒙了，好像还真的有那么些道理。

大人们看到小孩有些迟疑，又缓过来，试图重新取得主导权，但说话又不敢太大声，毕竟把柄在人家手上，所以一反常态客客气气的。

“你们来有什么事吗？”老牛问。

这时小孩们才想起来警局的目的，阿番把那麻袋背进来，把里面的宣传单拿给三个大人看。

“这是我们捡到的，我们怕外流出去被人看到了对社会治安环境有影响，老师说捡到‘共匪’宣传单要交给警察，所以我们来这里了。”明志倒很会说这种场面话。

其余两个小孩点点头。

“你们做得太好了，真是小朋友们的榜样、社会的榜样。来来，先坐着好好休息，你看流那么多汗都累了吧！我来打电话给学校说你们立了大功。”主任见事情有转圜的余地，而且一次就那么多张，自己也能被记上一笔呢，想到这儿他忍不住又开心起来。

三个小朋友松了一口气，有警察大人跟村长帮他们说话，这就不算逃学啦！

学校来人，知道了事情经过，加上主任、村长、老牛三人的大力吹捧，大大地嘉奖了他们一番，所以迟到这点小事也就不算什么了。

隔天升旗朝会时被校长表扬，排排站在台上，三人好不光荣，好一阵子走起路来都有风，当然至于实情是怎么样，心照不宣，只有他们三人自己知道，很有默契地没有人说出来。

明志爸爸的事当然也得到解决，其实解决不解决也都无所谓，儿子立大功，老子也跟着沾光，教子有方。

三个人在学校挺得意，风风光光，但阿猴及阿番回到各自家又是另一回事，免不了受到长辈一阵骂：“一千多张，就算三个人平分，你知道可以换多少钱吗？”气得长辈们都不知道该说什么好了。

对于苗栗山边的南庄小镇，这只是个生活中的小插曲，日子仍然是平淡得每个人都知道每天该干吗就干吗。

我几乎是一口气写完这个不像故事的故事，隔天早上，让老板看了这个故事，他笑了好久。

“我上了中学后不久，就对宣传单失去兴趣了。我最后一次看到的传单，上面印的是什么‘某某县第一户万元户’，大概是八十年代初的吧！后来我爸也把我们全家接到台北去了，再过几年，也就没听说过南庄再有气球从山的那一边飞过来了。”

1987——

大陆探亲潮，她是我先生的媳妇儿

经过路人指点，我终于找到阿玉婶的家。

阿玉婶见我到来，非常高兴，赶紧要媳妇去买面线和臭豆腐回来请我吃。

“第一次到我们玉里哦！一定要吃吃看我们的玉里面和臭豆腐，难得有台北的朋友下来找我，感谢主。我们玉里是乡下啦，什么都很简单，连吃的都很简单，不要见笑。”

我看着阿玉婶的家，很典型台湾小镇街旁的透天厝，白天临街的门大开着，沿着路走，可以看到每家每户的客厅，里面的家长里短都看得一清二楚。

电视机开着，正在播讲豪门恩怨的乡土剧。柜子上贴了一行字：“耶稣是我家之主”，还有一幅耶稣牧羊像。柜子上面摆了几张照片，有两张比较大的黑白遗照，两个老人，一男一女。

我此行的目的，就与这一男一女，还有阿玉婶有关。

“这就是我先生跟我姐仔，就是他的大陆太太啦！哈哈！”阿玉婶指着那两张遗像说。

阿玉婶，这个亲切的昵称，不知情者会以为她是个闽南或客家妇女，但阿玉婶却是个不折不扣的阿美人。她人如一般阿美人：深邃的眼神，高挺的鼻梁，开朗热情又善良。她讲话时少有阿美人口音，反而带点台湾腔国语，偶尔蹦出几句大陆方言，没讲几句话就夹带着一句“感谢主”。

“这个死老芋仔，从我还是小姑娘时就骗我，名字也是假的，在大陆已经结婚了，这个也没告诉我，骗我骗了好多年。哈哈，感谢主，要不是发生这些事，我也不会学到那么多功课。”

阿玉婶的媳妇把吃的买回来了，真是不好意思，来听她讲故事还让她请客。

“来来来，先吃先吃，边吃边听就可以了，玉里面很有名，你吃吃看。”

我一看，哇靠，这一份干面的分量是台北的两倍，面条上淋着油葱酱，香气逼人，几片清甜的韭菜、豆芽菜，再撒点芹菜提味，淋上卤汁，加两片肉片。天哪，要是以后我吃不到这么销魂的面那该怎么办呀!

“哈哈！比台北的面好吃对不对，台北的面又细又不好吃。感谢主，住在玉里真好。”阿玉婶得意地说。

“你之前有没有去看过花莲荣家？我们玉里也有一个荣民医院，你也可以去看看，我媳妇在里面当护士，今天刚好休假回来，你也可以让她跟你说一些老芋仔的故事。

“为什么花莲的荣家那么有名，就是因为苏花公路还有横贯公路的原因，建完这些公路他们就地安置下来，那时候政府派他们到全台湾各地去做工程。每完成一个工程，就在那个地方留一批人，所以你看现在各地荣家或老芋仔的眷村，附近几乎都有以前的重大工程。

“我跟我老头在一九七一年结婚。他那时候刚从部队士官长退伍。以前很多人都不懂，都说这些老芋仔喜欢老牛吃嫩草，老大年纪的人还喜欢娶年轻小女生。他们懂什么，书读得越多反倒越不知道民间疾苦，唉……求主怜悯。其实是这样，以前他们当兵，政府根本不让他们在台湾结婚，而且没有身份证，很多人的大好青春就这样被浪费掉了，等到说发给他们身份证，让他们退伍后，当然都老了。男人谁不想成家，可是本省家庭普遍又不喜欢外省人，所以只能找像我们这种一样弱势的阿美人了，哈哈！

“我们部落里有很多女生都嫁给这些老芋仔。很多人都觉得是交易，没有感情。说实在话啦，大都市里面，女生嫁人一样要考虑对方物质条件对不对。以前我们阿美人很穷，家里又生很多，比较漂亮的女孩，通常二十万到三十万元被卖到特种行业。感谢主，我比较幸运，还能嫁给老芋仔。就是很多父母不肯卖女儿，可是又要考虑家里环境，只好把女儿嫁给这些老荣民。当然这其中也有些期待他们的军饷，可以改善家里的生活，这不就跟现在很多父母喜欢把女儿嫁给公务员一样，有什么好奇怪的。

“还有一个原因，我们山地人多少跟这些老芋仔有些同病相怜。你看我们以前被汉人白浪欺负，台湾本省人不喜欢这些老芋仔，所以我们心理上也是比较能接纳他们，互相有个依靠，也比较不怕人欺负。

“真感谢主，我家那个老芋仔很爱我。你也知道，我很年轻，还不到二十岁就结婚了，什么都不会又不懂事，也不会做家事，还常常把事情搞砸，可是都没有见他生气。他每天下班回来后就跑进厨房开始煮饭，很有耐心地慢慢教我做各种家事。我以前年轻的时候真的不知道感恩，跟他有代沟，不知道要跟他说什么话。他也不知道要跟我说什么，就会常常买很多流行歌的录音带回来给我听。我那时候都在想，我好命苦，要跟一个都能当祖父的男人在一起。哈哈，我们阿美人结婚早啦！我很幸福，我都不知道，一直到生小孩之后，连小孩都是他在带。我几乎没看过他打小孩，他真的很用心地在经营家庭。这么多年来我才慢慢了解他真的是个好人，很多年之后才爱上他。很多人说老芋仔是买卖婚姻，我看很多自由恋爱结婚的感情也不见得有我们好。”

阿玉婶讲这段话时，笑得多开心多喜乐，竟然还带着一些害羞。

“这些老芋仔，也是经过很多苦难的人，就是想要有个安稳的家。我知道以前有些嫁给老芋仔的阿美人女生，心不甘情不愿的，其实谁不是心不甘情不愿，就是她们先生回部队时，这些女孩又跑回去找她们部落里的情郎恩爱。你以为她们先生都不知道，他们都知道，他们都是想，一个家庭已经没了，不想再失去另一个家庭，所以都是睁一只眼闭一只眼隐忍下来。

“不只阿美人女生嫁给老芋仔，我们后山这里以前也有很多贫困的客家庄，很多客家女孩也是嫁给老芋仔。另外你一定也知道，很多老芋仔也娶了智障的女生。你到我们玉里的荣民医院待一阵子就会知道，很多事你们台北的根本就想象不到，看到老芋仔带着他的智障老婆到医院看他们的智障儿子，你们都市人会想，都是弱势者，为什么还要结婚增加更多弱势者，问题是谁不想有个家。

“你会看到，我们这边的教会特别多老芋仔。老芋仔几乎都来教会，好多都信主了，因为心灵需要嘛，在教会里能得到安慰，尤其很多没有成家的，家在大陆的，在主里我们都是一家人嘛，对不对？这几年，尤其是天气变化特别快的季节，老芋仔的追思礼拜特别多，来参加的，也都几乎是老芋仔，一半是单身的老芋仔，另一半是结了婚的老芋仔跟他的阿美人老婆。老芋仔送老芋仔，大家都在开玩笑，要死就要比别人快死，不然最后一个就没人送了。

“这些老芋仔追思礼拜都很喜欢唱‘我心灵得安宁’。我也很喜欢这首歌，我们一起来唱好不好，感谢主。”

阿玉婶拿起圣诗本，我也很喜欢这首歌，于是我们一起唱了起来。

“有时享平安，如江河平又稳，有时忧伤来似浪滚，不论何环境，我已蒙主引领，我心灵，得安宁，得安宁……”

阿美人的歌喉果然好啊！我只唱了第一段，后面都是阿玉婶的独唱。

“结果哪，这几年太常唱，这首圣诗好像就变成追思礼拜专用的，平常唱起来大家反而觉得怪怪的，哈哈。其实好好体会，想想他们这些老芋仔的人生，就知道为什么他们都爱唱这首歌了。上帝怜悯。

“我家老芋仔退伍之后，就在开公交车。人人都说他开得好，人又亲切。他在教会里也很积极地在服侍，当了执事，后来被选为教会长老。人家不想做的，比如说扫厕所还有剪树叶，他都抢先做。每次牧师要去山里部落传福音，他都帮忙开车，帮忙背行李。以前很多部落不通车都要走山路进去，行李都是他在背的，教会会友们都称赞他人很好。他常常谦虚地说感谢主啦。我一直记得他追思礼拜的时候，牧师选的讲道经文是《帖撒罗尼迦前书》第一章第7节：‘甚至你们做了马其顿和亚细亚所有信主之人的榜样。’我那时候一听，‘哇’的一声整个就哭出来了。我没听过比这个更大的称赞了，一切荣耀都归给上帝，太不配了。

“我们生了四个小孩，两男两女，从我十九岁生到二十五岁，不是在坐月子就是在怀孕。哈哈，感谢主赐给我们那么多产业，现在他们都已经成家，最小的前两年回玉里来教书，其他都在台北。以前我们也不是那么有钱，生那么多，经济压力也是很大，可是感谢主，我家男人就是爱小孩，他说生几个都没关系，他会更努力加倍赚钱回来栽培他们。那时候他就开公交车，我摆了一个烧饼油条摊，当然是他教我做的啦！总算生活还过得去，儿女也都有出息，最重要的是他们信仰都好，总算有给他们做好榜样，这是我最开心的事。

“大概一九八一年时，我们附近有个天主堂，里面有几个外国修女。那些修女好几个都是先前到过大陆的，老芋仔很多也是信天主教的啦！他们都请修女帮他们寄信回大陆老家，因为修女是外国人嘛，比较不会被查。她们在香港有机构，会帮她们转信到大陆，好多老芋仔就这样跟大陆老家联络上了。我本来以为这些老芋仔都是忠诚的国民党支持者，‘国军’嘛，所以才来台湾的。那时候才开始慢慢知道，很多人根本是心不甘情不愿被抓来当兵的。我家那个也是，真的是可怜，不知道多少家庭就这样破碎了。

“我就跟我家那老芋仔说，要他也写写看。他一开始推推托托，后来正要写的那一天，一堆警察冲到天主堂外面，说她们通匪什么的，然后修女就挡在门口不让他们进去，后来那几个修女通通被驱逐出境了。她们要走的那一天，一堆老芋仔哭着去送她们。唉，你看，她们一辈子就奉献给台湾，关心政府不关心的人，结果政府还要赶走她们。过了好几年，政府才欢迎她们回来了。回来那一天，那些老芋仔又是哭得一塌糊涂，县长还颁了一个奖状给她们。她们这一回来就没再走了，现在好几个已经去世，都埋葬在附近。如果不是上帝的爱，谁会愿意这样奉献。

“后来可以到大陆探亲了，也没见到我家老芋仔积极去申请。他就一直说，现在没钱，等多存一点再回去。我想也是有道理，让他风风光光地回去也好。

“你知道那时候报纸上不是有很多两岸寻亲的启事吗？你别看那一小格一小格简单几个字，每一格都是一个家庭破碎的故事。有一天，我儿子在上面看到一张照片。他一看，这个人怎么跟爸爸长得很像，还越看越像，旁边写着寻‘钟金德’，山东枣庄人……他就想，不对啊！这根本就是爸爸嘛，可是名字又不对。我们家老芋仔叫‘李阵湘’，他也说他是山东枣庄那里的人，所以我儿子就偷偷写了一封信过去试探了一下。过了大概两个月，回信来了，这回信一来就把我们家搞得天翻地覆。信是我收到的，我还在想这个信是不是寄错了，还是说我家老芋仔帮老乡代收的。

“我拿给他看，结果他才一看到信封上‘钟金德’三个字，脸色就变了，手也开始发抖。他拆开信封，也没看几行，就大哭出来，哭得多惨你们都不知道，我一辈子都没看他那样哭过。他一直大喊说对不起我。我也不知道怎么一回事，把信拿过来一看，信里面说，这个‘钟金德’的媳妇一直没改嫁，还在等他。大陆的简体字我也看不太懂啦，意思就是要他有机会快点回去。

“这老芋仔撑了好几天，才终于承认，这‘钟金德’就是他。我一听，整个人‘轰’的一下，差一点要昏倒。我那时候就想，他竟然在大陆已经结过婚，还来跟我结婚。你知道我年纪很轻就结婚了，我把他当作我生命的全部，想不到他人品那么坏，竟然在教会还可以装得那么属灵的样子，这人真是太虚伪了。我就一直逼问他，那‘李阵湘’又是怎么一回事。他这时才乖乖地把那些往事讲出来。

“其实那些故事我也听很多了啦，就是被国民党抓去当兵。只是他比较倒霉，他被抓去当兵的时候，部队里面有一个叫‘李阵湘’的刚死掉，结果部队长官为了继续领军饷，就要他顶替‘李阵湘’，从名字到出生年月日都改了，还比原来小一岁。他记得他本来是一九三二年生的，日期忘记了，现在身份证上写的是一九三三年九月五日，结果他就当了‘李阵湘’三十几年。

“前几年终于帮他把名字改回来，感谢主，不过出生年月日还是没改。这老芋仔说没关系，说人只要记得自己是谁，从哪里来的就好。我跟他一辈子，都没听他讲过那么有智慧的话，吓了我一跳。

“好啦！那名字的事我想就算了，那也没办法。大陆已经讨媳妇的事这怎么办，他就说那时他们乡下结婚早，他才讨了媳妇没几天，就被逃跑路过的国民党残兵抓走，再也回不了家了。到台湾之后，他想着大概也回不去了，就在这儿成家了。

“我就一直祷告，我想我平常都很虔诚，没做什么坏事啊，为什么上帝要这样对我？发生这种事，我明明知道不能全怪他，可是却越想越气，接受不了这种事实，大吵大闹了好几天，接下来几天又不跟他说话。他只是一直跟我说对不起，也没跟我吵。

“教会里很多老芋仔都回去探亲了，就我家老芋仔一直没回去。大家都在问怎么还不回去看看，他老家那边也来了好几封信要他回去看看。我就看他每次读信时都偷偷在那边哭，怕我难过，信也不敢留下来，看完就撕掉了。我看了也很难过，但是心里被仇恨充满了。你知道这种苦毒是会越来越大的，只能求神赦免。

“我那时候无法原谅他，很痛苦，很想带着儿女离家出走。我就去找教会师母诉苦，抱着师母痛哭。师母跟我说‘要爱你的仇敌’，我心里正想‘哼！她才不是我的仇敌，她是我先生的媳妇’，没想到师母下一句就接着说‘更何况她不是你的仇敌，她是你的家人，她这些年承受的痛苦比你还多’，我又想‘她承受的痛苦跟我有什么关系’，师母说她也无法告诉我为什么，就安慰我说‘神的恩典够我们用，现在我们不明白的事，将来有一天都会明白’。

“这样一年多，我们还是照样去教会，一样在教会做礼拜唱诗祷告服侍，可是心里特别痛苦，因为感到自己的虚伪，亏欠上帝的荣耀。有一天，我受不了了，就把存折给我家老芋仔，要他回去看看，看他到底想怎样，我都能接受。结果他一离开家，我就开始后悔了，很怕他就这样一去不回，每天心理压力都很大，还好两个礼拜后他回来了。”

来一个大陆老娘

“回来之后，我家老芋仔什么也没多说。人都已经乖乖回来了，我也不好说什么。那个时候，我也比较能接受这个事实了，只要他的心还有这个家就好。他一回来，就跟教会辞掉长老的职位。牧师说没必要，但是他决心很坚定，也就只好依他。有好一阵子，我看他对神信心软弱，也不是软弱啦，就是自己一直指责自己。他软弱，我也跟着软弱，也就少去教会了。

“那段时间，几个小孩也很不能谅解爸爸，甚至有些看不起他。我家老芋仔还是没说什么，对他们还是一样爱护照顾。感谢主，我真的嫁了一个好脾气的男人，还好这一切苦毒与怨恨都已经过去，没有给小孩留下坏榜样。可是你不知道，那时候我看着他的心，一天天倾向大陆太太那里，常常寄钱寄东西过去，又跑回去好几次，真的不好受。我知道他肯定是觉得离开那么多年，心理上要补偿。看到他这样，我能理解，可是我也是女人，总是会吃醋，哈哈！所以都没给他好脸色看。

“你不要说，教会里常常读《圣经》，唱爱的真谛，‘爱是恒久忍耐……’你没经历过，真的不知道这一节是在说什么。很多事要忍耐一次，你可能还做得到，可是要你恒久忍耐，一直忍耐，看你会不会抓狂。感谢主，我真的深深体会了什么叫‘爱是恒久忍耐’。

“教会牧师看我们比较少去，就常常来家里拜访，我们才又去教会。我家老芋仔觉得自己有罪，亏欠上帝，不配跟着牧师去传福音，所以就专挑那些别人不做的最卑微的服侍，比如说在教会刷厕所、清污水道。大家都说他年纪大了，这些事请人来做就可以。他还是很固执要自己来做，以前他当长老都还没有像这时候那么热心。

“过了两三年，我家老芋仔一直大陆台湾两边跑。他带小孩去了两次，只是我一直不愿意去。他常这样两边跑，我不满意但是能接受，只要他回家就好。直到有一次，他从大陆回来之后说要跟我商量一件事。我一听，保准没好事，先让他说。他说，他大陆太太身边已经没有亲人了，一个人在农村生活很辛苦，想要接她来台湾生活……他都还没讲完，我就反对，哪有这回事。我丢下一句：‘你都已经决定了还找我商量什么。’就大哭啊！心里像刀割！我就想，折磨我那么多年还不够，竟然还要把那个女人带过来，不如我死了算了，让他们两个快活去。

“没有人能帮我，我只能祷告。我祷告上帝，为什么要给我这苦杯，我真的受不了，怎么上帝都不祝福我，反而一直折磨我？我知道应该要爱人，可是那时候我真的做不到，我把《圣经》里所有讲到‘爱’的地方读了好几遍，想要说服自己去接受这个事，不过还是没办法。我说：‘主啊！我不能，我真的做不到，我心里软弱，心里很痛苦。’我就朝我家老芋仔大吼大叫，说有她就没有我，甚至心里已经开始在盘算，如果她真的来了要怎么联合儿女跟邻居一起排挤她。

“唉，现在回想起来，这样做真的不好，耶稣受了那么大的委屈都还要原谅他们，我说自己是基督徒，结果却做不到这一点。还有另一个原因，就是我爱面子，平常在教会的形象那么好，如果她一来，那以前的好形象不就变成笑话了。还有，邻居都知道我们家是信耶稣的，要是她来了，别人会怎么看，我就祷告说：‘上帝啊！我不要让你的名在邻居前蒙羞。’哎哟！求主怜悯，我那样祷告只是为了自己的私欲不想她来，只是自己爱面子，根本不是为了主的名。

“虽然我说了很多，想了很多要怎么阻止她来的方法，可是她还是来了，我也只能接待她。她就是一个乡下女人，哈哈，我们这里也是乡下啦，不好笑别人。她土土的，脸黄黄的，六十几岁跟八十几岁的样子差不多，身上还有种怪怪的味道。反正，我那时候就是不喜欢她啦，还联合小孩一起讨厌她！

“你知道那时候开始有大陆新娘嘛！电视上都在演什么大陆来的表妹，大家想大陆新娘都是又淳朴又年轻的村姑。附近都在传，怎么我们家不是大陆新娘，反倒来了一个大陆老娘。哈哈，我听到了也只能跟着苦笑。

“人都来了，我也不能赶跑人家对吧！所以我表面上客客气气的，平常也不太讲话。我家老芋仔常常带她去台湾各地玩。我就想，算了，要去就去，眼不见为净。我老芋仔的大陆太太……哎哟！我叫姐仔比较习惯啦！就我姐仔她比我大二十几岁，可是她那时候好像很怕我的样子。我没说话，她不敢跟我说话；我没吃饭，她也不敢吃饭；要上厕所也要先问我。其实我那时候很得意，常常就在暗示她‘我才是这个家的女主人’。

“大陆人跟我们的生活习惯真的差很多。我以前去过，那时候那里穷得不得了，不像现在电视上说的大陆比台湾有钱啦！反正一开始我真的不习惯她的生活方式，快要气死了。比如说，抽水马桶，教了好几次她还是不用，用了也不冲水，或者偏偏要尿在旁边的排水孔；大便也用塑料袋装着拿出去丢；有的时候她会去市场捡一些别人不要的烂菜尾回来煮饭；洗碗的时候同样的水洗好多次，都没洗干净。一开始我以为她很阴险，故意这样来跟我们作对，后来才知道，她心里其实是怕给我们惹麻烦，浪费我们的钱，所以要替我们节省水，节省菜钱。只是我都说了好几遍不用省这些钱，她一直也都听不进去，这让我那时候很生气。

“我姐仔她煮饭也是，咸得要死，加盐好像在加免费的，怎么大陆人都吃那么咸，怪不得脸都黄黄的身体都不好。到最后，吃饭也是，她吃咸的部分，我们吃清淡的部分。

“你问那睡觉怎么办？哈哈，问得好。我姐仔也真的是很委屈，她觉得她能够来台湾已经是享福了，宁愿自己睡。我们另外搭了一个房间给她，买一个新的床给她，可是她不睡，都睡在地板上，说习惯睡硬床，床太软睡不着。有的时候我家老芋仔看不下去，也去陪她睡地板。我就想，男人不是都喜欢年轻的，哈哈，其实我也四十几岁了啦，没有很年轻啊。放着年轻太太不要，跑去跟一个看起来比自己老那么多的女人睡，后来我这样想，也不担心他们在干吗了，地板冷冰冰，不舒服的啦！哈哈！说不担心是骗你的啦！一开始我还会偷偷跑去听他们有没有在干吗。

“左邻右舍都知道我家老芋仔有两个女人，教会弟兄姐妹也都知道，当然有些闲言闲语，还好大部分人都能谅解，但我心里就是不爽。牧师常常来家里关心我姐仔，向她传福音。来了几次之后，才见到她露出一点笑容；她一笑，我就不爽，她凭什么笑啊，我人生都被她搞成这样了。我看到牧师向她传福音，我心里也不爽，怎么牧师不来安慰我受伤的心，反而去关心这个外来者。反正，我那时候看她做什么都不顺眼，都可以挑出毛病。

“我一直向我家老芋仔说我受不了她。我看我先生夹在中间也是为难，但是我也从没听过我姐仔说我哪里不好。她总是很沉默，每次我讽刺她，她都默默接受。说也奇怪，人的心理真的很怪，她越是沉默不说话，你越觉得她心机重是在装可怜。我刚才就讲嘛！她做什么我都看不顺眼，都觉得是针对我的，现在想想，我一开始对我姐仔真的很不好，求主怜悯。

“我后来才知道上帝要我去学习这个爱人的功课。这一点，竟然还是我姐仔亲身教会我的。有一次台风过后，下大雨，我家老芋仔又不在，房子就一直漏水，从楼上一直漏下来。我就跟姐仔两个人一起擦地板，我在拖楼梯的时候，脚一滑，重心不稳，就直接从二楼滚了下来，摔得我哀哀叫，头又撞破了，想爬起来又晕了下去。我想惨啦，大概是脑震荡，意识模糊，本来要叫姐仔快打119叫救护车，还没讲就晕过去了。

“我醒来的时候发现自己已经在医院，姐仔在旁边对我傻笑，全身都湿湿的。护士跟我说，姐仔背着我从家里一路跑过来。我就想，从家里到医院要一公里，跑那么远，这乡下种田的女人体力真好，六十几岁还能这样跑；我又想，怎么她衣服都湿了，我没湿，后来我才知道，她那时候只找到一件雨衣，她就把雨衣披在我身上，然后再拿一条长布条把我跟她的身体绑在一起一路背着我冒雨跑过来。

“看到姐仔在旁边傻笑，我大哭了出来。这次不是看她笑我不爽哦！是真的很亏欠很亏欠才这样大哭，我以前对她那么不好，我觉得我真的很失败，说自己是信耶稣的，结果说一套做一套，表里不一，每次去探访安慰别人时说的话自己都做不到，还不如一个大陆乡下来的老娘。那时候一边哭，又有一句经文突然蹦出来，就是‘基督在我们还做罪人的时候为我们死，神的爱在此就向我们显明了……’以前我看姐仔事事不顺眼，处处为难她，还自以为很有理由。我这么对她，她也没有说我坏话，只是默默承受这一切。我最软弱的时候，她没有趁机报复，竟然还救了我一命，我真的报答不了她。突然明白这句经文，我哭得更厉害了。

“从这件事开始，我跟姐仔的关系就好很多了。以前我看她什么都不顺眼，从那时候开始，我看她什么都顺眼，我以前真的是自以为义，其实我们每个人都是罪人，在上帝面前都需要宽恕和接纳，所以我们同样也需要去接纳他人，何况像姐仔，她根本也没有做错什么事就被我莫名其妙讨厌，我做的错事还比她多。以前我就不懂这些，所以自己给自己找痛苦。

“《圣经》不是说：‘我们爱，因为神先爱我们。’以前我都搞错次序，我是爱神所以才爱人，结果我一软弱一不爱神，就跟着不爱人了；应该是，神先爱我们，我们感受到他的大爱，所以我们才有动力去爱人。

“我开始带着姐仔去教会，也是从那时候开始叫她姐仔。虽然我叫她姐仔，可是也没有听她叫过我一次‘妹妹’，都还是称呼我的名字。后来我们全家，当然也包括姐仔，一起回了老芋仔他老家，然后去青岛还有济南。别人都以为我们是祖孙三代。我们又去爬泰山，姐仔体力竟然比我还好，不过还好这次不用她背。这次也是她跟老芋仔最后一次回老家。

“以前我就问我家老芋仔，以后你过身想埋葬在台湾还是大陆。他直接就说在台湾就好了，反正现在台湾的人都是从大陆来的，只是来得早晚先后而已。我又问姐仔，她怎么想，她就说既然来台湾了，唯一可依靠的家人都在台湾，也就跟着葬在台湾好了。

“老芋仔追思礼拜的时候，不是都有‘故人略历’吗？我们就分开两半讲，让姐仔讲老芋仔在大陆的事，他到台湾以后的事是我讲的，然后我们一起读他最喜欢的诗篇二十三篇。那一天来了好多人，除了老芋仔外，还有好多山里部落的人，都是以前受我家老芋仔帮助过的。姐仔在那天结束之后，也跟我说要受洗做基督徒感谢主，她说以后我们全家还要在天堂相会，感谢主。

“我家老芋仔去世之后，家里突然就空空的，只剩我跟姐仔两个人。姐仔就教我做山东的一些小吃，什么煎饼，还有什么糁汤。我们早上就在家门口摆一个小摊卖这些东西，生意还不错，电视台还来采访过呢！平常没事的时候，我们就一起跟着牧师去荣民之家探访。姐仔见到同样来自山东的老兵，就用山东话去问候他们。老兵听到都要哭出来了，要姐仔常常去看他们，她的探访做得比我还好。

“姐仔从那次背着我淋雨就开始感冒，后来身体就一直不太好。我心里真的觉得很对不起她，她最后在医院时都是我在照顾她。她说我歌喉好，要我常常唱圣诗给她听。她最喜欢的圣诗是《恩友歌》。哦对，我忘记说，姐仔她不识字，她要读《圣经》，每次都是我读给她听，一节一节读，她一节一节地背。我也因为每次慢慢读给她听，自己背下了很多金句和圣诗。感谢主，姐仔最喜欢的经文就是‘因为知道我所信的是谁，也深信他能保全我所交付他的’。

“姐仔临终的时候，我们全家一起在她旁边唱《恩友歌》，又读了这节经文给她听。我记得她一直跟我说，她很后悔那么晚才信主，也没有带人来信主，没有机会回老家传福音给家乡的人听。她说她很高兴在人生的最后能够来到台湾，有那么多家人陪伴；姐仔在医院时就常常跟我开玩笑说，先把老芋仔让给她，让他们在天堂独处一阵子，以后我们全家再到天堂相会。

“跟姐仔相处的十年，我从她身上学到很多功课。以前我不知道这一切是为什么，还因此埋怨上帝，但是上帝总不撇下我，也不丢弃我，任何事都有他的美意。现在我知道了，姐仔一定是上帝派来我们家的天使，若不是因为她，我可能一辈子都学不会什么叫作‘基督的爱’。现在台湾不是有很多大陆来的人吗？还有什么外籍新娘。我们真的在上帝面前都要谦卑。人真的很卑微，耶稣都不嫌弃我们来到世界上，我们也要学习他的样式，接纳关怀这些人，让他们再次看到耶稣的爱仍然眷顾着他们，也不要再分台湾大陆了，在主里都是一家人嘛。

“你说我看起来还很年轻，哈哈哈，因为我常常喜乐，在主里常常喜乐看起来就年轻。我有爱我的儿女孙子，有爱我的先生还有姐仔，上帝还让我学会去爱人的功课，我为什么不常常感谢主。”

临走前，我和阿玉婶一起做了一次祷告。这是我最愉快的一次访谈，我再看看那一句“基督是我家之主”，整个意义都不一样了。

阿玉婶拿了一盒羊羹送我，说是玉里最有名的特产。我一看是羊羹，嘴都馋了，推托了几下，还是不争气地收了下来。有吃又有拿，贪财贪财。

“你可以到花莲荣家看看，那里会有很多你想要知道的事。”阿玉婶嘱咐我。

我抽了空到花莲荣家转了转。

前两年，有个山东的旅行团到花莲观光途中，无意间改了行程到花莲荣家参观了一趟，结果老乡见老乡，虽素不相识，也是两眼泪汪汪。

我在想，是不是以后大陆各省的旅行团经过花莲时，都能到这里来看看，让这些远在台湾的老乡，在人生的最后，还能感受到来自故乡的温暖呢？

1988——

从金门到台湾

每天放学回来，我家就匆匆地吃晚饭，然后差不多就要熄灯了。就算要点蜡烛，也要把窗口的厚黑布幕放下来，以免灯光外泄；如果这一天是单号，全家还要趁早躲到后院的防空洞里，因为会有炮弹飞过来。

不仅仅是我家，那个年代整个金门岛上的居民甚至阿兵哥，日子都是这么过的。

我从小就是这么长大的，也习以为常，但有时候我还是会问父母，为什么要这样做，得到的都是无奈的苦笑，同样的答案：“没办法，谁叫金门是战地。”

从一九五八年的八二三炮战之后，对岸向金门实施的炮击就慢慢变成单打双不打了。那时候我还没有出生，听父母说，一开始，炮击前对岸还会先用大喇叭广播，几点几分开始打，打哪里，国语一次，闽南语一次，后来民众也摸清楚规律了，慢慢地形成一种“默契”，反正时间一到，大家就往防空洞报到。有些家庭自己挖有防空洞的更方便，全家往洞里一躲，该干吗继续干吗。

其实我小的时候，很喜欢全家躲在防空洞的那段时间，听着炮弹和空气在空中摩擦发出尖锐的声响，然后闷闷地轰隆一声。感觉全家挤在那里面，父母似乎都变得慈祥起来了，妈妈抱着妹妹喂奶，爸爸就会讲好多故事，从郑成功在金门训练水师，一直讲到金门人落番下南洋，赚大钱衣锦还乡，又讲到日本人来金门，再讲到古宁头战役与八二三炮战时被征调去料罗湾搬东西。金门那么一个小小的地方，居然会有那么多神奇的故事，我觉得新鲜有趣，只是父亲每次说完总是冷笑一下。

“谁叫金门是战地。”

除了固定的炮击，有时候还会有“特别的礼物”。

我家旁边是个小营区，时常有部队移防进驻。神奇的是，只要有部队进驻，单日炮弹一轮飞过来时一定打到部队里，这号称“欢迎弹”。当然，有欢迎弹就一定有欢送弹，如果部队要移防了，单打时炮弹也马上落在那个营区，真他妈的温馨又有心。最后大家都懂了，金门岛上哪里有密集且多日的炮声，那里一定有部队小移防。

共产党也颇有人情味的，每年的农历春节前夕，对岸都会向金门做重复的播音：“国民党军官兵弟兄们，金门同胞们，为了让你们和祖国同胞一样，欢度一九××年春节，中国人民解放军决定，从×月×日零时开始，停止炮击×天，以示关怀。中国人民解放军福建前线司令部。一九××年×月×日。”

有时候这炮弹稍微偏离了一点，就会打到我家。我爸妈看着被打穿的屋顶，室内一片狼藉，也只能无奈地摇摇头清扫善后，心里安慰自己，只要没有伤到人就好，至少还能捡了破炮壳拿去变卖，也算聊胜于无。有一次炮弹直接打穿后院的粪坑，一坑的粪便都爆炸了，溅得墙上、屋顶、菜园都是大便，臭味也像爆炸一样整个传开。父母看了简直要昏倒，但我心里倒是挺开心的，不用捞大便浇菜了。

问题是，对面老共怎么那么清楚哪一天部队移防或进驻呢？那肯定有很多“匪谍”潜伏在金门嘛，随时报告部队动向。为什么这个岛上会有那么多“匪谍”呢？还是老话一句：“谁叫金门是战地。”

据说我们家有亲戚在对岸的厦门，我小的时候就很不识相地问：“那他也是潜伏在那儿的哦。”被爸爸打了一下头，说：“少啰唆。”后来才知道，这素未谋面的“大伯”，在一九四九年的某一天早上坐船到厦门做买卖，结果晚上就回不来了。

每到北风吹起，就可以清楚地听到对岸大声公的广播。这些广播一开头一定都是“国民党军官兵弟兄们，金门同胞们……”接下来就是放音乐。如果有新的部队进驻，通常还会说“欢迎国军某某师弟兄来到金门……”有时候这些广播还会有一些奇怪腔调的人在讲话，后来才知道那是大陆各省方言，找寻过去同袍，找寻亲人的。

我对这广播印象深刻。有一天，风特别强，我在学校参加数学考试时，绞尽脑汁在想个算术题，突然对岸的大声公又响起来了，因为风向的关系这次特别大声、特别清楚。这次讲述的又是个某某年儿子被国民党部队骗来台湾的故事，那女人讲得声泪俱下，我的注意力不知不觉都飘到那上面去，也不知道是不是全班同学都一起在听那个故事，那一次，全班的数学成绩平均下来非常差，老师很火大，处罚也就特别大力。那一天，不知道有多少同学开始恨起老共。

对岸的大声公听起来经常是朦朦胧胧的，而我方的大声公响起来才真的要人命，简直就是魔音穿脑了，用卫生纸塞着耳朵都没效，广播内容也差不多：“亲爱的共军弟兄辛苦了，以下是时事一则……”接着就是播放音乐。不知为什么，我方都喜欢找些嗓音听起来尖锐的女声，大概是音频相冲，听了那声音都会让人感到头痛。

我家自己种些菜，有时旁边部队的伙房也会来采买。一天，不知道哪个省份的伙房老士官长来买菜，刚好传来对岸亲情的呼唤。

我问老士官长：“士官长，你想不想回去啊？”

老士官长一听就急了，说：“回？反攻大陆事业未成，男儿志在四方，回乡本是儿女情长之事，何以与国难当头相比……你他妈的小兔崽子你自己想找死别害我。”

我正为自己的失言心里充满歉意，对士官长的凛然正气充满敬佩时，只见士官长抽了口烟，叹了口气。

我从小视这样的生活是理所当然的，可是年纪越长，越觉得有些事简直就是匪夷所思，难道一切都那么简单，推给“谁叫金门是战地”就好了吗？

我常常听父母在抱怨，要是能搬到台湾就好了。小时候我想，怪了，金门不算是台湾的一部分吗？到了一定年纪，我才慢慢觉得，金门与台湾还真的不太一样。我看电视上的台湾，好像跟金门还真的不一样。我小的时候尤其向往台北的西门町，年轻时髦的男男女女，五光十色的夜生活，这都是我无法想象的。

后来我学到一成语：歌舞升平。对啦，金门就是缺少这种感觉。我以前一方面看不起台湾年轻人，没有忧患意识、生活态度轻松，可是在台湾生活好像又真的不错，想感受那种没有战争心理压力的生活。

大概就是停止单打双不打的那几年，我上了初中，开始打篮球。本来打得好好的，突然有一天——在金门，很多事的确都是“突然的、没理由的”——体育老师都紧张起来，连篮球都不给打了，把比较大的球类通通锁在体育器材室内严加看管，问为什么，老师也说不出个所以然，只说怕有人拿着篮球当浮具游到大陆去。

我想想都觉得不可思议，觉得怎么可能有人会这样搞，但在金门，很多事本来就是无解又匪夷所思，只能无奈地接受，无奈地接受也成为一种生活习惯。

喜欢打篮球的男同学苦闷，只能拿石头，外面包了一层又一层的纸，再用胶带捆起来做成球形来玩，不过这也只能投篮传球而已，打篮球搞得跟打橄榄球一样。

过了没多久稍微有些解禁，但每次体育课只要用到篮球或排球，老师都变得特别慎重如临大敌，从办公室申请到体育器材室的钥匙后，再到把球从器材室拿出，用完之后还要清点无误，再送回去锁起来，搞得器材室很神秘，每次我拿到钥匙，往器材室的钥匙孔一转，“咔嚓”一声，心里都觉得好像是转开了通往异世界的门一样。器材室是那么神秘，充满了各种宝贵的道具，仿佛在里面，空气都凝结、时间都停止了一样。很多年以后，我看到日本的某种谜片，老师与女学生常常在体育器材室搞七捻三，旁人都以为那只是男性的意淫，但我知道，器材室的门一锁，人一躲，那完全是有可能的。

高中毕业后，我到台湾读大学，与许多要到台湾的金门人搭着军方的“开口笑”运输舰一起到台湾。

运输舰航行在海洋气象莫测的台湾海峡上，铁链垂吊的床架，随着船摇晃而剧烈晃动，我心里只祈求能平安到台湾。十几个小时之后，到达台湾的高雄港，我一夜没睡又晕船，脸色一片惨白。

踏上台湾土地的那一刻，我大大吸了一口气，再用力地呼出来。

当我来到台湾，才知道金门跟台湾真的很不一样，简直就像两个国家，就拿最简单的钱来说，金门用的台币上面还盖着“限金马地区使用”的章，来到台湾还要兑换没盖过章的台币，还好没汇率，不然真要呕死了。

在台湾，晚上没有宵禁，尤其大学里晚上活动很多，多得让我不知道该干吗。我第一次见识到什么叫“夜市”，让我咋舌。夜生活的丰富，让我迫不及待地什么都想试一试，但我九点一到就睡觉的习惯一时改不过来，还变成同学间开玩笑的话题之一。

只是有时，我看到夜晚头顶上闪着闪着的灯，一时间意识会错乱，以为是炮弹打过来的火光，吓了一跳之后才回过神来。炮弹打过来已经是多年前的事了，而现在我已经在从来没发生过这些事的台湾了。

我来台湾之后才真正深刻体会到，金门是“福建省”，台湾是“台湾省”，不仅没来过台湾的金门人不了解台湾，台湾人也根本不了解金门，除了去当兵的人外，几乎没人去过金门。我当然不喜欢那些阿兵哥了，反正他们来当兵，当完兵拍拍屁股就走人。

新认识的同学一听到我是从金门来的，就大呼不可思议，简直比看到非洲黑人还稀奇。这些台湾人真奇怪，同样不是台湾本岛的澎湖，他们就不会那么好奇。

“听说金门人生育率特别高，因为晚上有宵禁？”

“屁呢！炮弹打过来都先软掉了还生什么。”

“听说金门很多人都被大陆水鬼杀死了？”

“死的都是你们台湾去的阿兵哥。”

“金门人酒量都很好？”

“高粱酒都卖给你们台湾人的。”

有些台湾人的问题真是让我啼笑皆非，一开始，我很有耐心一次又一次地回答类似的问题。等到有一天，我终于烦了，受不了，不想再回答这些问题，一有人问我，我就冷冷地回应几句。

“金门人有什么好神气的，还不是要让台湾人去保护。”有人看到我那么冷淡，就讽刺地说了一句。

听到这句话，我一下火大，差点就要冲过去揍他一拳。

“你祖妈呢！要不是金门帮你们挡住‘共匪’，你们台湾人还会过得那么爽吗？”

“哈哈！原来金门人也讲台语。”

我听了完全无语，连气都使不上，心里大喊着：“才不是台语，是闽南语。”

金门仿佛变成一个挥之不去的沉重包袱。我常常在想，金门真是招谁惹谁了，像夹心饼干一样夹在中间，爹不疼娘不爱，付出的比台湾本岛人多，得到的却比他们少，还要倒贴一堆。我只好自我安慰想，台湾人真可怜，自以为见多识广，结果对台湾以外的事情什么都不知道。

不过如果有人问我，以后要留在台湾还是回去金门，这马上就把我的嘴堵住了。这就是现在人家说的“口嫌体正直”。

台湾丰富多彩的生活，的确让我疯狂了一阵子，但想试的都试过之后，接着而来的就是一阵失落的空虚感。“只不过如此嘛！”我反而有点怀念以前在金门那种单纯、简单的生活，物质欲望没那么高，看得出来以后要干吗。只是想归想，在台湾的几年已经把我的胃口养大了，要我再回过头去过金门那种生活，我也不干。家人也都劝我，如果能够留在台湾就不要回金门了，一想到在金门时那些无解的事，要我再回过头去，想想都要窒息。

就算要留在台湾工作，还是要先经过当兵这一关，从小在金门看那么多阿兵哥来来去去，今天终于也轮到我了。

对别人来说唯恐避之不及的“金马奖”，我连想都不用想就回到金门当兵了。在高雄上船前往金门那一刻，好多人一想到要到遥远陌生的金门当兵，几乎都要哭了出来，但对我来说，这就像每次回家坐的交通船一样普通，我神情一派轻松，理直气壮地暗暗笑他们：“哭啥？有什么好怕的？”

很多人觉得在金门当兵苦不堪言，他们绝对不知道金门以前更封闭。我回到金门当兵的心态却像放长假一样，有弟兄心情不好跟我诉苦抱怨，我也终于能把那一句话拿出来亏他们：“没办法，谁叫金门是战地。”

每次部队放假，台湾来的阿兵哥只能在岛上乱晃，心里苦闷，但我骑着脚踏车慢慢晃回家，饱餐一顿再睡个懒觉，有时外出公差，事情办好后也可以回家睡午觉，简直是如鱼得水。

小的时候那些回忆现在都已经不复存在，我有时候站哨会天马行空地乱想，打宣传弹，塞了政令宣传单还不如在里面塞清凉美女图更能“瓦解心防”，至于心战广播嘛，既然大家都那么爱放音乐，那么干脆隔海来办个混音大赛，DJ对决好像对和平更有帮助。

有一次，“金防部”的长官带着“青年日报”的记者，官式地来关心一下哨点卫兵，客套地寒暄一番。

“小弟兄，在金门的生活还习惯吗？会不会害怕呀？”长官在记者的镁光灯下亲切地问我。

“报告长官！我在金门吃得好穿得暖，在连上就跟在家里一样。”我精神抖擞地回答。

其实我心里暗笑道：“狗官，金门我都比你熟几百倍。”骄傲得很呢！哈哈！

报禁开放

二十世纪八十年代中期后，台湾社会的变化快得让人无法反应过来。你会看到，旧的秩序已经慢慢崩解，新的秩序却还没有一个共识，所以整个社会看起来特别乱。一下松绑了，不管是什么人，都想要大声说出自己的看法，争取自己的权利，纷纷走上街头，仿佛要去拉个白布条，被警察举牌警告，被强力水柱喷射，被镇暴警察驱散才有参与时代变换的感觉似的，迟了就来不及了。

这一连串目不暇接的街头运动，在一九九〇年达到了最高潮。那年初春，台北的“中正纪念堂”广场，上万名大学生聚集在这里，要求政府推动政治改革。这场运动，不仅牵动了往后台湾的政治格局及版图，当年那些学生领袖，也成为目前台湾政界新一代的中坚，那时候的大学生，现在都已经成为领导这个社会的主要力量。

那年阴冷的初春，是台湾人对二十世纪九十年代的集体回忆。

北上读大学的前一天晚上，王建立那平常不苟言笑、颇严肃的公务员父亲难得把他叫到客厅谈话：“有机会读大学就专心读书，绝对不要去搞政治，听懂没？”

王建立不知为什么，一听就怒了，说：“难道那么多事你们真能够视而不见，你们真以为我一直乖乖听你们的话哦？我告诉你们，社会上那么多事假装没看见并不代表真的没这些事，我真的没办法忍受这种视而不见……”

他倒也不是真的想参与政治，甚至在这个年纪，大概连政治的概念都还搞不清楚，只是顶撞一向古板的父亲有种反抗权威的快感，有时候只是为了顶嘴而顶嘴。

父亲愣了一下大骂：“你懂个屁！想得太单纯了，最后被人利用了都不知道……我警告你，你学费是我出的，有本事自己去赚，以后爱干吗就干吗……”

王建立听了前半句，本来脑子里还满满顶嘴的快语，不吐不快，结果一听到学费，本来都已经到了舌根的话，就这样硬生生地被塞了回去，他竟然反驳不了。

本来应该是温馨的离家前夜，就这样不欢而散，第二天还是母亲送他到火车站。

火车有节奏的噪声，把王建立的思绪带得好远，他一边愤怒父亲对社会的冷漠反应，不管是父亲说“你没那个资格玩，玩不起”，还是母亲临行前说“等你大学毕业就知道了”，他都觉得是种借口，台湾这几年社会变化那么快，怎么能不关心呢？

他又转念一想，上了大学就是“知识分子”了，想到这儿，他忍不住沾沾自喜，因有种使命感而飘飘然，知识分子除了读书，关心社会也是理所当然的嘛！以前那些老师只会要大家好好读书，结果呢？造就出一堆不会独立思考的傻瓜，社会变动得那么快，思想当然也要追得上变化了。

想到这里，他同情地环顾车厢里的乘客，有听着随身听的年轻人、安抚小孩的妈妈、看书的老头、留着小平头的阿兵哥……形形色色。王建立看了忍不住摇摇头，同情地暗道：“唉……这些芸芸众生。”

但不知不觉大学生涯也过了几个月，王建立心里又不舒服了，每天早上从宿舍走到教室，上了整天课下来，脑袋塞满一堆未处理的信息，搞得昏昏沉沉的，还没上大学前立志要天天上图书馆看书吸收知识，现在反而力不从心。晚上下课回到宿舍，出去交女朋友的跑了，玩社团的也跑了，剩下几个人在房间里，电扇不够力吹得嘎嘎响，索性赤膊围在一起打牌聊天。

大学不是号称独立思考吗？怎么学生不是极度认真只会读书就是极度爱玩不想读书，对于社会上发生的事怎么可以一点都不关心呢？他这样想着，仿佛只有他看穿一切，众人皆醉我独醒，为此，他很懊恼。

社会的改变如滚滚洪流，大学里的气氛不能说一片纯真美好，也有些蠢蠢欲动。有些比较勇敢的同学当了“出头鸟”，下面的同学纷纷鼓掌叫好。他们登高一呼，经常是万人响应，但结果是一人到场。当然，这些“出头鸟”同学很快就被学校盯上了，重则退学，轻则记过处分。

王建立也想跟这些勇敢的学长一样，但是苦于不知该如何表达，他不像那些学长总能用许多理论以及热血的豪言壮语鼓舞大家，另外就是担心他爸爸说的“学费你自己出”，这就好像掐住他脖子一样，豪言壮语还是要向现实低头。

校园里的社团千奇百怪，招新社员时各出奇招。王建立逛了一圈，看到一个人趴在角落边最小最破的桌椅上睡觉，贴了一张简陋的海报，上面写着“关心我们的社会、关心我们的家乡”，下面大大的四个字“新视野社”。

“新视野”这三个字有种穿透般的吸引力，王建立的心里仿佛有盏灯一下亮了起来，于是走过去把那家伙叫醒表示想加入。那家伙本来还睡眼惺忪，王建立表明来意后，他不敢相信地问：“你想参加？”

新视野社算是一个挺“边缘”的社团，不仅在社团办公室最破、最边缘的角落，用最破烂的设备，就连诉求思想也挺边缘。在外人看来，这是一个处处与学校作对的社团，可是在社内社员看来，他们只是在关心别人不关心，甚至视而不见的事，每个人都好像怀抱着救世济人的崇高理想一样。

学校里也有几个类似的“反动”社团，成员很多来自社会学系、经济系或其他人文学科的同学，所以每次聊天讲话总是离不开什么“异化”“剥削”“符码”啦，要不就是马克思、哈贝马斯、葛兰西等人说过什么。

比如说有人喝咖啡，就会有人提到咖啡豆都被国际大型公司垄断，剥削第三世界劳工；有人爱听王杰、姜育恒的专辑，就会被嫌没文化缺少社会批判精神；就连有人要泡女生请她吃饭，也会被学姐骂物化女性。

这社团很对王建立的胃口。对一个正处于以反对而反对为乐，但苦于不知道如何更有力批判世俗社会的年轻人来说，骄傲又苦闷，但这社团就像它的社名一样给王建立开了新的视野，尽管好多讨论的名词他都不懂，但越听不懂，想知道的欲望就越强，他总觉得了解这些批判的理论，就能成为真正的知识分子。

王建立发现，这些社团的学长好像彼此之间有些看不起，表面上和气，私底下互相攻击对方所说的。他听一个学长讲的，觉得有道理，但听到批评，又觉得挺有道理。其中有一位来自哲学系的学长曾惠林，特别让王建立折服。

曾惠林学长平常温文儒雅，戴着一副黑框眼镜，梳个西装头，看得出教养良好；可是当他开口发言，炮火全开，他总是批判教育制度与学校保守的风气，让人听了畅快淋漓。

“你们不觉得学校的教育方式只是一连串的仪式，其实主要是为了监控学生吗？从狗眼看人低的行政人员，一直到看似开明的校长，当然还有国民党的爪牙教官跟人二室，都是科层共犯结构的一分子，都不断在侵犯学生人格的主体性。”

“学长，我懂啦！你看以前师专师院体制出来的老师，普遍都很保守，因为他们也是政治对人民进行社会控制的工具。这结构挺严密的啊！只有瓦解它，大学才能有真正的学术自由。”

“就是这样，学校跟教育是不同概念，学校提供的知识常常是反教育的。”

“对！独立思考很重要，可是我觉得光有思考是没有用的，还要有行动作为实践。”王建立急于发表高见。

“加入我们这样社团的人都是明白人，不仅要做思考者，也要做行动者，所以我们也常常办一些关怀社会的活动，比如有时候会去声援被剥削的农民工人，下农村去做调查工作等。我想这都是其他社团学不到的经验，来我们这儿一定是好的啦！哈哈！”

后来王建立才知道，曾学长家是开大贸易公司的，他是含着金汤匙出生的。虽然他家很有钱，但还是愿意关心弱势群体，想到这里，他对曾学长更敬佩了。

大学第一个学期，王建立自己科系的专业没读太好，倒是常跑社团，参加各种活动下乡实践。杂书看得不少，针对社会议题的辩论也越来越常发言，他觉得自己的视野比同年龄的大学生更开阔了。

一九八八年似乎一开春就注定是轰轰烈烈的，一月一日报禁开放，本来只有“三大张”的报纸突然多了好多版面可以看，丰富活泼了许多，接着就是发禁开放，中学生不用再留小平头西瓜皮，仿佛头脑外的发长了，里面的智慧也解放了。

但这好日子没过两周，蒋经国过世，报纸马上又回到那严肃沉闷低调的风格，社会气氛一片凄风苦雨。当然对于年轻人来说，这种气氛好像快窒息，所幸接下来不久就放寒假过年，还是假期最大。

新的学期开始，社团成员都有种旧的时代结束，新的时代就要开始的强烈愿望，有好多好多的事可以去做，他们觉得气氛有些松动了，于是串联了许多社团在校园贴传单，或者用游击战的方法，在一些教室里的黑板上表达理念及不满，内容小到学校停车设施设计不当，大到有关学术自由的倡议，有时还会表达些对当前政局的意见。

最常用的方法是大字报。这些大字报内容通常由学长拟好，学弟学妹去校园里人多的地方张贴，每每引来同学围观。很快地，教官就出现了，还不等同学看完就撕掉没收了大字报，如果查到是谁贴的就约谈关心一下，查不到就只好摸摸鼻子讲几句威胁的话。但说也奇怪，同样是大字报，那些国民党的学生社团贴出来就没事，但大概是内容太过八股不够激进，围观的人也少。

每次出去贴海报，王建立总觉得自己像以前的革命党人，虽然要叫他抛头颅洒热血也不见得有那个勇气，可就有种前仆后继的悲壮感。他想自己见识还不如曾学长等人，写不出那么好的文章，自己能做的就是帮忙贴海报了。

这样总是被撕掉也不是办法，成本太高了，为了效益最大化，后来他们都选在晚上九十点出去贴，一来校园里人流量仍高；二来教官到了晚上，工作就没那么积极，至少能让大字报活到隔天。

王建立读过《毛泽东选集》的一些节选，知道这叫“敌进我退，敌退我进”，他乐此不疲。他想起曾惠林说的：“力量来自知识，不是来自二头肌，硬碰硬是没有用的，还是要有变通的方法。”

过一个暑假，他升上二年级，终于也成为学长了。

新社员还是一样少，一样热血冲脑。在新社员里，他一眼就瞄到外文系的姚文莉，毕竟在这种以热血作为支撑基础的社团里，要见到漂亮女生还真不容易。

“你怎么会想参加我们社？”王建立还是忍不住问了。

“寻找存在感。”姚文莉不知道被多少学长以同样的问题搭讪过了，随口一答。

“是呀！存在感，大部分同学根本就不管这个，一天过一天，每天做过什么事都不知道，他们甚至没意识到这可怕的现状，作为人的主体性都被资本主义社会腐蚀了。”

“我觉得他们愿意选择这样的生活，那是浪费生命。苏格拉底说过：‘没有经过检验的人生不值得活，只有不断地思考，独立思考，才能不随流俗，保持清楚的思路，你说是吗？’”姚文莉觉得这个学长讲话还有些内容才回答，话末还报以个甜蜜的微笑。

王建立带着欣赏的眼神瞄了瞄姚文莉。他觉得她不仅看起来漂亮舒服，而且不像其他同龄女生除了爱漂亮爱打扮实际上脑子里没多少东西，姚文莉讲出来的每一句话都好有智慧。

1989——

贴大字报的台湾学生

有天晚上，又要去贴传单，王建立自告奋勇地说要带姚文莉去贴。其他几个看起来就傻傻的新社员不识相，也要跟着去。王建立为了避嫌，只好硬着头皮带大家一起前往。

到了张贴地点，一教室楼边的草丛，王建立借故指挥其他学弟去别的地方贴，把姚文莉留下。

只剩他们两人在黑夜里，气氛是那么暧昧，两人都不知道要讲什么，姚文莉先开口了："学长我们快点贴吧！"

黑夜里，一阵光线快速乱窜，恣意照向四处。

"我已经看到你们了，通通给我出来！"传来的是教官震撼威胁的声音。

姚文莉吓呆了，站在原地动也不动，不知道该怎么办。

"学长，怎么办，该不该出去？"她急得快哭出来了。

王建立倒是淡定，直接把姚文莉拉进旁边矮树丛边蹲下，把她的头压低，在黑暗中示意不要讲话，脸上却是一副狡猾的表情，又指指更暗的草丛那个方向。

一会儿，旁边树丛和草丛窸窸窣窣地晃动，在黑夜里依稀可见一对对人影慢慢地走了出去，然后听到教官破口大骂。

“你们来上大学是干吗的？父母交钱是让你们谈恋爱的吗？我说你们这些女同学，一个男人连好的约会场所都无法提供给你们，让你们在这儿被蚊子叮，还他妈的有什么好依靠的……”

教官骂了一会儿，这一对对野鸳鸯才不甘不愿地离开。

姚文莉躲在草丛里搞清楚怎么回事后，几乎要笑场，若不是王建立及时捂住她的嘴巴，恐怕又要被发现了。等到教官走远了，两个人对视了一会儿，终于忍不住放开大笑。

两个人的关系更亲近了。

贴海报这种敌明我暗的行动到了下学期春天开始有了变化。也许是春天，大家的心都蠢蠢欲动。这一天，曾学长写了一大篇有关推进校园民主学术自由的大字报，内容从古希腊柏拉图的洞穴神话，一直写到哲学家康德的学术自由观，又写到社会学家韦伯支配类型下的校园民主，最后用新马克思主义的方法批判资本主义社会对学术自由的辖制，洋洋洒洒数千字，任谁看了都被文章恢宏的气势及高深的专有名词所震撼。

“曾学长真的很优秀，又有领导能力，知识又广，追不上他呀！”姚文莉崇拜地看着这篇文章，一看再看。

王建立自知各方面不及曾学长，但听了还是颇吃味，为了表示男人的气度，他敷衍了几句：“多看书多学习迟早可以追上他……”

曾惠林也不管现在是中午，又或者他根本计划好了，就亲自把那大字报拿到贴满小广告的公布栏一贴。黄纸红字，直接覆盖了乱七八糟的小广告，多么显眼。如此招摇不怕死的动作，都还没贴完就引来路过学生的瞩目。

他贴完就退到人群后，抱着双手站在一旁看，人聚集得越多，讨论得越多，他越得意扬扬。

很快地，教官如预期般出现。教官吹着哨子把围观的同学驱散，一边大喊：“谁贴的，敢作敢当，有没有人看到谁贴的！”并准备开始撕大字报。

“不用撕了，就是我贴的。”曾惠林吸了一口气，以一种英雄式的姿势大声站出来承认。

他幻想这一刻不知道有多久了，可是以前每每只敢意淫这种英雄般的举动，连要说什么都已想好，就是找不到机会做。

“你们……你们这些坏分子，政府跟学校给你们那么好的机会不好好珍惜，偏偏……要去跟什么党外人士勾结。我如果把你抓去关就算了，你他妈的……呼……还意图影响其他同学的纯洁心灵。”胖教官刚跑过来上气不接下气地骂着。

“教官，我记得依据‘宪法’规定……”曾惠林清清嗓子，停顿一下继续说下去，“人民有言论、讲学、著作及出版之自由，还有集会的自由。我还没有讲学的能力，可是我写大字报，是我的言论跟著作自由吧？同学在这边围观，算是集会的自由吧？教官您难道要违抗‘宪法’吗？”

围观同学中传出了笑声和叫好声，胖教官听了愣住了，这还是第一次有学生敢跟他顶撞，一时不知该怎么回应。

“你们简直就是反了。政府现在在发展经济，一切要稳定，不要跟那些乱党一样增加社会成本。牺牲小的自由换取更大的自由，你们读那么多书难道不懂这个道理吗？再乱搞通通给我抓起来，记过退学！”胖教官挥舞着手臂嘶吼。

“自由自由！整天嘴里在讲自由的人最不自由，我们不是号称自由民主吗，怎么连贴个大字报发表意见的自由都没有？你们看看，现在大陆到处都在写大字报贴大字报，他们需要像我们一样偷偷摸摸吗？不用！有人抓吗？没有。那请问您教官，您如果要抓贴大字报的，您的意思是我们连‘共匪’都不如喽？”曾惠林轻蔑地反问。

话才一落下，现场就爆出叫好及热烈鼓掌声，围观同学左一句右一句，讨论声很热烈，让被围在当中的胖教官备感压力。

王建立跟姚文莉闻讯赶到现场时，只见胖教官气呼呼地落荒而逃，还撂下一句话：“看我怎么办你！”

教官一跑，同学们简直就把曾惠林当作英雄一样欢呼起来。姚文莉看到这一幕，觉得曾学长好帅；而王建立看到，不知道哪里来的一股嫉妒，大叹时机造英雄呀！

从那一天开始，曾惠林被捧为学生的意见领袖，代表学生向学校表达各种诉求及不满，根本性取代了学生会这个虚有其表的组织。没有人觉得有什么问题，他登高一呼，总是有很多人响应，而如同受到气氛鼓舞，校园里的大字报、各种意见海报免审查，很流氓地横行在校园各处，什么意见都给发表，处处都有“民主墙”，自由得让人反而觉得有些不习惯，让人忍不住自己问自己：“这样做这样写真的可以吗？”平常总是第一时间冲出来撕大字报的教官和训导人员好像泄了气，没什么作为反应。

倒是有些比较敏感的同学在怀疑，这是不是在引蛇出洞，先让你说得爽，再把这些出头鸟一网打尽。可是，这个时候，好像每所大学的学生都一样狂热，如同一场嘉年华会的不同分场，大家都在尽情发表意见，尽情张贴大字报。这种阴谋论的不祥念头很快又被狂热的快感所淹没。

这种欣欣向荣、自由畅议的局面直到暑假之前戛然而止，接下来七月暑假，各地学生们众鸟作散。待两个月之后，学生们从各县市回到台北开学，这种百花齐放的热情已经被消磨打击了一大半，而且底气明显也不足，不敢再讲得那么大声了。

这时候学校方面教官又发言啦，胖教官好像更胖了，还慈祥了不少："新的学期开始，同学们好好用功读书。事实已经证明，过去不让同学们在学校贴海报演讲，那是对同学的一种关心保护。"

胖教官眼睛一扫，又瞪了几个重点对象，说："同学心智还单纯，难免受到社会上有心分子的利用。为了自己的学业前途着想，不要再参与政治活动，以前的事学校既往不咎，如果发现个别同学有什么问题，及时向我报告，大家一起来营造一个单纯的读书环境。"

在场学生纷纷把头转向，尴尬地偷瞄曾惠林，只见他嘴唇紧闭，不发一语，若有所思。

曾惠林四年级了，准备继续考研究所，王建立与姚文莉还在想未来该要干吗，目标仍然是一片迷茫。过了一年，王建立仍然处于在追姚文莉的状态，没跟她表白。王建立心想她应该知道他的心思，所以什么也没讲，他觉得现在这种感觉很好，享受着呢！而姚文莉，本来一直在等王建立开口，后来见这家伙一点表示也没有，也慢慢地对这事没那么热情了，反正现在这样若即若离也没压力，还不错，加上她本来长得就漂亮，追的人多，她也慢慢享受着被追的过程。

新的学年，新视野社招不到新社员，这一年最热门的社团当属新成立的证券研究社，虽然要收大把社费，但还是有许多人挤破头想要加入。大家都想快速了解什么叫股票，什么是K线、月线和季线，最重要的是如何短时间内赚大钱。股市狂飙，不仅让社团冷清，就连课堂也冷清了，大家都跑到号子炒股去了。

好多同学都开了车到学校来。王建立看了颇不屑，哼一声：“不义之财！”

姚文莉颇不以为然地说：“他们又没有偷抢拐骗，法律又没禁止炒股票，只能说发展畸形，资本主义社会的常态就是这样，机会就在那儿，有办法你也去赚呀！你总不能放弃这个机会又嫉妒别人，心态真奇怪。”

“我就是看不惯这些暴发户趾高气扬的嘴脸。现在什么东西赚钱，大家就一窝蜂地往那里钻。作为一个人的理想在哪里，眼里只有钱钱钱，人性都迷失掉了。”

“你到三年级了还那么偏激，这样对身体可不好哦。你作为一个男人不趁现在多赚点钱，要开始存老婆本了哦！时间可是过得挺快的，该实际的时候还是要实际一点，其实我也有买几支股票啦，可是我很清楚分寸在哪里就好了。”姚文莉开玩笑地劝他。

王建立一听不知怎么就怒了，说：“怎么连你都随波逐流了，我看你以前不是这样的啊！我赚钱肯定是一笔笔踏踏实实地赚来，绝对不会去赚这种不义之财。”

姚文莉觉得王建立怎么到现在还那么幼稚，理想理论主义能当饭吃吗，火气就上来了，说：“现在房子那么贵，你踏踏实实赚钱要赚到什么时候才能赚到一间房子。我看一间厕所都买不起，你是一个男人，以后要结婚娶老婆的耶，连房子都没有，你好意思说要给女人安稳的家，你就只会用批判当作炫耀逻辑能力的手段，还会干吗？”讲完她还觉得骂得不过瘾，嘴贱补上一句，“这种话你来说明显没有说服力，曾学长讲就有说服力。”

曾惠林，又是曾惠林，不仅家庭背景好，学识又渊博，领导能力又强，不知道多少人崇拜他。王建立以前也佩服他佩服得不得了，可是随着时间一年年过去，这种佩服的心情不免挟带着一点嫉妒，嫉妒永远追不上他，曾惠林曾学长可真是他心里的一个坎呀。

姚文莉说到了这个点，气得王建立不想再跟她说话，两人不欢而散。

王建立想了想她说的话也有几分道理，可是明明那么喜欢她，对她那么好，她竟然还讲话那么冲，真是好心被狗啃了，但她说的他也不是不懂，可是就恨自己没那个能力。

年末某个晚上，几个社员聚集在一起打屁，有一句没一句地聊着，聊到这一年国际局势的变化，东欧的遽变多么鼓舞人心，但又恨台湾人民是何其不争。几个人围在一起一口烟一口酒，整个气氛就是沧桑。

大伙沉默一阵，回顾这一年的极盛极衰，不禁感叹。

有人提议向曾惠林敬一杯，众人附议：“干！”

“哪里哪里，那是大家努力的结果。”曾惠林不会喝酒，浅酌一小口。

“至少我们曾经努力过，大学生涯也不算白白度过，以后有值得炫耀的事啦！”

“那些中产阶级口口声声说要改造现况，其实只是要资产阶级民主，改革还是要靠工农联盟的啦！”

“要让他们下台还不实际，要先下基层唤醒平民百姓！”

“你这是逃避主义，大学是社会的良心，你不发出正义之声促进改革，谁来发出？”

“你连身边的议题都没有分析体察能力，还想改变多大的事？你拆不了实体的墙就算了，你连心中的墙也推不了！”

你一言我一语，那一晚，大家都喝醉了，只有曾惠林还醒着。醉意正酣，大伙忍不住唱起《国际歌》，唱到兴头还有人边唱边哭，还得让曾惠林提醒唱得小声点。

此时曾惠林心想：“想要参与更多公共事务，光靠热情还不够，还需要更多知识作为养分。我一定要考上研究所，以后还要出去看看世界！”

1990—

“中正庙”前的《国际歌》歌声

又是一个初春三月，刚开学不久，乍暖还寒，正是睡懒觉的好季节，许多学生无心上课，懒洋洋的。对大多数学生来说，“又是一个下学期”的感叹稍纵即逝，每年都要上演一次。

王建立成为社团的主要干部，不过这种小社团几乎所有人都是干部。他坐在社团办公室那张小破桌前看书打瞌睡。

“学长学长！快点，他们已经开始了！快点啦！”一位学弟匆忙跑进社办，掩不住兴奋的语气。

“什么开始了？”王建立惊醒，还搞不清楚状况。

一些台大学生在“中正纪念堂”，又或者是异议人士常说的“中正庙”前聚集拉布条抗议。这新闻如同春雷般震撼开。王建立抓起外套跑去电话旁问清楚状况，说：“快去通知曾惠林，再联络一下友好社团。”

“曾学长已经过去了。”学弟回答。

“又被他抢先一步。”王建立颇不是滋味。他又想到，既然有人会做这种事，怎么不是我先发难呢?

电视新闻已经在播现场状况，同学们围在电视机前你一言我一语讨论。一些学生在夜色低垂的广场上盘腿而坐，拉着白布条，上面写着“解散万年国会，老贼下台”等字样。王建立只瞄了一眼就冲出去，他本来还想找姚文莉同行，但找不到人，不知道她最近老在忙些什么，他明明很爱她，怎么最近她好像冷漠下来了，来不及多想，就骑车往“中正纪念堂”去了。

他一路骑得飞快，寒风扑面，有个词从他心中渐渐浮起：“革命！”他越想这两个字，心跳得越快，紧张中带着止不住的兴奋。“终于来了！”就好像初出阵的武将般全身颤抖了起来，压抑不住这种感觉，遂在风中放声大笑。

到了现场，他发现曾惠林已经到了，连姚文莉也比他先到。曾惠林正从他车上搬下一件件的“补给品”，有睡袋、雨衣、干粮等，姚文莉在旁边计数帮忙搬，分发给现场人员。

看到王建立在一边，她大喊一声：“还在那发呆干吗，快过来帮忙呀！”这时他才回过神来投入帮忙。

隔天，第三天，来声援的大学生更多了，不仅北部的学校，南部的学校也不断有人上来，而除了广场上的大学生，外围围观的民众更多。

在三月中旬的寒风中，大学生或坐或卧，挤满整个广场。每个学校都把校名白底黑字写在大大的牌子上。学生头上都别了黄布条，每个人胸前都贴了一个编号数字造册。学生们也自组了纠察队维持秩序，每个要进入现场的学生都要登记学生证，有效地隔开学生与群众。

王建立与曾惠林站在广场旁音乐厅的高台上俯瞰现场。现场人数越来越多，从各角落不断传来鼓噪声，各种喧嚣，还有四窜的流言。场面好像处于随时都要失控，就是不知道什么时候会失控的临界边缘，没有人知道接下来会怎么样，但他们还是忍不住兴奋，一个新时代就要来了。

“所谓无心插柳，竟然可以形成那么大的能量、那么大的热情，真是想象不到。”曾惠林感叹道。

“我看只是股票都被套牢破产了，对政府不满而已吧！哼！”王建立开玩笑搭腔。

两人再抬头看更远处，宪兵组成的人墙，还有肃杀的镇暴车，总有个画面会浮上心头，没有人敢提，又难免带了一丝丝不安感。

现场不时有人上台演讲，很多学生教授都是第一次在那么多人面前公开畅所欲言，表达自己的意见，讲到激动处，常常边哭边讲，不管说些什么，台下同学总是给予热烈的掌声；有些时候，经常是早晨或午后，会有人上台带领喊口号振奋士气，登高一呼，一呼百应；还有些时候比较轻松，有些同学会带着吉他上台教唱歌曲，当然不是流行歌曲，而是许多同学没听过、不熟悉的台湾民谣。

但有首歌是这样唱的：“起来，饥寒交迫的奴隶！起来，全世界受苦的人！满腔的热血已经沸腾，要为真理而斗争……英特纳雄耐尔就一定要实现。”

这首每次教唱必唱的歌曲，词词句句打动人心，特别让人热血沸腾。在那寒流依旧、天色阴沉的三月，这首歌就好像一股热流，在许多人心照不宣的暧昧微笑中不停传唱。

但更多学生不知道这是什么歌：“这什么歌呀，那么热血？”

有些人自以为懂得比较多，就以指导者的语气得意扬扬地说：“这是大陆学生唱的歌。”

每次王建立和曾惠林听到有人这么说，嘴角总是神秘地扬起，苦笑地摇摇头，是不是真的“同志”，看有没有同样表情就辨别得出来。

后来很多人终于知道这首歌叫《国际歌》，越来越受欢迎，每当大合唱唱到“英特纳雄耐尔就一定要实现”，总是搞得现场一片高潮激昂。

外面静坐学生情绪高涨，里面由学生组成的“决策小组”一样情绪高涨而热烈，甚至有些火暴，意见分为两派，争论不休。

一派认为要联合一切可用的资源表达意见，包括现在的主流意识形态，还有官方媒体，形势那么险峻，但也充满了各种机会，要是不灵活运用，学生们的意见马上就被党政机器捻碎。

“你这是机会主义！精英主义！”另一派大力批判前者的路线。他们认为大学生作为社会的良心，就不应与任何可能渗透进学生主体的团体联合，否则就失去“学运”的意义了。学生唯一能联合的是草根大众，只有唤醒草根大众共同努力，才有机会与党政机器对抗。

其实这“决策小组”成员来自各校，本来也不只两种主流，是各种意见各种派系共聚一堂，在不断地辩论及合纵连横中总结出这两种主要意见。

“就是因为我们大学生是社会的良心，我们是知识分子，我们必须用各种灵活的方法将我们的诉求表达出去，启迪民众，教育民众，我们有这个责任，而且义无反顾！”曾惠林掷地有声的发言引来半场喝彩。

“放屁！这分明是民粹主义，只会叫民众往前冲，自己躲在后面算什么。大学生首先是民众，然后才是大学生。我们只是比其他人更幸运一点，并没有差别。”另一派人在现场咆哮着，大力拍桌子指着曾惠林，强烈抗议他的观点，一样引来半堂彩。

对于曾惠林的观点，王建立颇有意见，他反倒比较支持另一派的观点，他也注意到姚文莉在曾惠林发言完微笑地点点头，心中颇不爽，只是没有表现出来。他也想表达一些什么，只是总抢不到话，要不然就是想说的被别人先说了，心中颇懊恼。

大学过了三年，终于遇到这种足以载入历史的大事件，他都已经身在其中了，但说到底还是个旁观者，想想就沮丧。

现场台上一个绑着头巾的男生，拿着吉他，忘情地大唱崔健的《一无所有》。

“一无所有，噢噢噢噢，一无所有，一无所有……”

曾惠林与姚文莉换上了黑色头巾，与其他十几名同学开始在绝食区绝食，加上这个阴冷的天气，在《国际歌》的歌声飘荡中，大家不约而同地想到“风萧萧兮易水寒……”，气氛异常悲壮。

王建立本来也要加入绝食团，但曾惠林要王建立负责更重要的后勤工作，加上姚文莉一句：“对呀！绝食能不能成功都靠你了耶，学长！”被灌了迷汤的他就飘飘然答应负责后勤了。

随后，绝食团拉出“泪别父母”的布条震撼了全场。媒体对这个可有兴趣了，如同鲨鱼闻到血腥味般，都跑到那里去采访，可是同学个个戴着口罩，保持静默，问也问不出个所以然，让媒体觉得很无趣，随便拍了几个画面，有些悻悻然地离开了。

代表学运精神的野百合在广场中央被立起来了，在场学生精神受到极大鼓舞，也通过电视屏幕播了出去。

隔天一早，外头纠察队跑来找王建立，说有民众要找他，他边走边在想是谁。

走到场外的路上，他经过指挥中心，看到曾惠林苦笑着走出来，一言不发。曾惠林看到他，拍拍他的肩，给了他一个意味深长的微笑，又走向绝食区。

原来经过彻夜的辩论，曾学长这派的意见又落了下风，他遂与同派的其他同学辞去主要决策干部的职位。才没几天，已经不知道换过多少次了，王建立心想，既然路线又变了，他是不是也有机会担任干部呢？

可是又转念一想，他一直跟在曾惠林旁边，别人一定认为他是曾惠林的人马，肯定会站在曾惠林那边的，这样他是没机会了。他恨自己那时候没有勇敢表达自己的意见，又恨别人多嘴抢先发表他的意见。

走到了外头，只见爸妈在外等着，妈妈手上拿着个白塑料袋，爸爸则一脸火山快爆发的样子，怒目瞪视。

“惨了。”他心想，万念俱灰。

果然父亲一个箭步上来就是一结实有力的巴掌，反手回来又是一掌，“啪啪”两声巨响把晨间半昏不醒的同学都吓醒了。王建立眼冒金星后两颊一阵热辣。

“叫你不要搞政治你偏要搞，很想搞政治是吧！看老子我先搞死你。”王父已经拉弓到底又要来一拳，但被母亲及其他同学劝住架住。

原来父母昨天晚上看到王建立出现在电视新闻上，大怒，买了车票连夜北上台北，结果与很多北上来声援的南部大学生同车，出车站连路都不用问，跟着他们走就到这里了。

王建立努力回想，自己又不是什么学运领袖、意见领袖，怎么会出现在电视上，仔细算算电视台到现场的时间，他暗暗惨叫“啊”了一声，原来是昨天电视媒体在采访绝食区，他在后面发水，又没有戴口罩，就这样硬生生地被入镜了。

“搞政治很好玩是吧，自以为只有你才知道什么是公理正义是吧，理想很高是吧！你不马上跟我走，下学期你自己看着办！”王父忍不住愤怒，语带威胁。

“刚才我们来的时候，外面都是军车，还有好多宪兵，在这里很危险，真的，快点跟我们走吧，听话。”王母以一种近似恳求的语气要他离开。

事到如今，又那么多同学在看，真是骑虎难下，王建立也只好豁出去了，说：“我不是在搞政治，知识分子的责任难道不是关心社会吗？你们不要一直把我当小孩子，我也一样有分辨是非的能力，那么多同学聚集在这里，我们都有同样的目标，我们才不怕那些党政机器，我要在这里跟大家一起！”

他说完，转头就走，撂下一句：“学费我自己会想办法。”

只听到背后传来父亲阵阵怒吼，还有母亲呼天唤地的哭声，此刻他的心情，如同踏上不归路的殉道者，但同学们的掌声、欢呼声又让他那么陶醉，他一辈子都还没有受过这样的英雄式欢呼。

但即使如此，事后收到他人转来母亲手上提着的那个白塑料袋，打开一看，是各种饼干、饮料，他还是忍不住偷哭了一把。

抛下父母，他顿时有种“长大了”的豪情与使命感，他觉得他可以做更多的事、更大的事，他忍不住这种快要满溢出来的兴奋心情，兴奋得几乎要起鸡皮疙瘩。他第一个想到姚文莉，想将这种心路历程告诉姚文莉，想必也会得到赞美吧！

早上的教唱时间到了，天空下起毛毛细雨。他往绝食区走去，想要找到姚文莉，越想越开心，跟着教唱哼起了歌。

他没看到姚文莉，连坐在一旁的曾惠林也不在，他问了旁边的同学。

“曾惠林好像挺激动，一回来就把姚文莉拉走了，往‘中正庙’那个方向。”旁边同学用手指了指回答。

王建立心里好像有根羽毛骚过，那个痒怎么抓也抓不到，那是一个他怎么也不要去想的事。“不要吧！”他心里这样想，但还是往纪念堂走去，那建筑的压迫感很强，他不愿多想，越走越快，越走越快，压迫感就越大越沉重。

在那边他没看到曾惠林与姚文莉，正想说服自己想太多，又往上望望三层平台，走到上面会看得更远些，脚好像违抗脑袋一样，遂走上那89级台阶。

远处又传来了《国际歌》的声音，在早晨潮湿的空气中荡漾。

“这是最后的斗争，团结起来到明天，英特纳雄耐尔就一定要实现！”

“这是最后的斗争，团结起来到明天，英特纳雄耐尔就一定要实现！”

他在最上层的平台走了一圈，靠在栏杆边，转头看着远处聚集的学生人潮，还有束立着的野百合，他冷笑了一下。

回过头来，赫然见到下层纯白壁面的两个明显人影。他睁大瞳孔努力要看清楚，两人正激情拥吻，身体不自觉地磨蹭扭动，如胶似漆，疯狂而激烈，好像就要融成一体。

他看清楚那两人是谁了。

《国际歌》的歌声一段又一段，回荡又回荡，飘散在空中，化在细雨里。

快到开殿时间，驻守的阿兵哥把那两扇大门打开，巨大的铜像坐在那里好像在等着看好戏般笑他。

1996——

解放军举行大规模登陆军演

“那一年在金门啊！事情真是多得说不完……”阿平兄点了一支烟，缓缓地开口说。

话说台湾男人见面必聊的话题有三：车子、女人，还有一个就是当兵。

只要聊到当兵，仿佛聊个三天三夜都聊不完一样。当兵前，大家唯恐避之不及；当兵后，每个都喜欢聊这个话题，比苦，比摸鱼，还有比梯数。女人恐怕很难理解为什么台湾男生永远乐此不疲，其实只要想象，台湾男生都到过阴间的地狱一回，有些人比较幸运只到了第一层，有些人倒霉到了十八层，时间一到又回到正常的人间，聚在一起肯定要聊各自不同的地狱见闻啦！

距阿平兄当兵已经十五年了。十五年前，一九九六年，正好是近三十年来台海情势最紧张的一年。

那一年，阿平兄正好在金门当兵。

“我那时真恨自己不争气，才落得那么早就来当兵的下场，没想这竟然成为我活到现在最难忘的回忆。我那时因为大学日子过得太混，二年级时太多科被当掉，结果被退学。一退学，面临的就是当兵。我高中时抽中陆军，大学重抽抽中空军，我本来想：哈哈，空军，空军少爷兵，这可轻松了，但万万没料到竟然会被退学，只好回去当乞丐兵陆军。

“如果只是当陆军还好，不幸的是，我还抽中‘金马奖’，到外岛金门当兵，这可真让人欲哭无泪。

“我还记得我到部队那一天，阴风惨惨，与同梯新兵到了连上，没人来接应，不知所措。结果传来一阵咆哮声：‘给我爬进去！’我们连怀疑都不敢怀疑，马上趴倒在地上，像逃命一样，背着背包快速匍匐前进，就怕落最后一个，又被罚更多。爬到连部门口，没有命令也不敢站起来。就在连部前趴了好久，直到有班长经过，才叫我们站起来。

“啊！现在当兵很轻松了啦！谁敢这样搞，新兵随便给1985打过去，长官就锉咧等，一代不如一代啦！

“那叫我们爬进去的是一个学长，叫方群，也没有大我们几梯，刚挂一兵而已。你看，才早来几个月就能这样搞学弟，那时候学长学弟制还是很重，我要说的这些事，跟他也有一些关系。

“你当过兵也知道，新兵永远是部队这个金字塔结构的最底层，好事不一定有，但坏事一定轮得到。学长有实力，本职学能做得好，讲话就很让人服气；没实力，表面上大家听他的，私底下不爽。这方群就是没什么实力又爱管人的人，自己的责任爱推托，但又喜欢指挥人，什么都要管，什么责任都不想扛，尤其心血来潮就爱刁难学弟。日子久了，大家也知道这家伙在连上人缘不太好，其他学长也不怎么喜欢他，只是碍于他学长的身份，该尊重的还是表面上要尊重一下。

“‘观念在哪里？’你听过这句话吧！这是他最爱拿来骂学弟的一句话。

“你当过兵，也知道什么是‘观念’吧！这‘观念’，范围之广，要自己拿捏，比如说帮学长铺好床，是‘有观念’；出公差菜鸟抢举手，是‘有观念’；站夜哨让学长多睡一点，也是‘有观念’；收假回来帮学长带烟带饮料，也是‘有观念’。

“我知道这方群没什么实力，其他学长也不挺他。有一次，我一不爽，就冲了他一句：‘啊，你是多有观念啦！’他一听，面子挂不住，怒目咆哮，要冲上来揍我，被其他学长拉住。虽然其他学长也不挺方群，但是学弟这样跟学长说话也是犯忌，我还是被其他学长做个样子处罚了。

“从此，他就看我特别不顺眼，不过我的‘观念’还不错，其他学长也挺我，所以他也不能拿我怎么样。都说部队就是一个社会缩影，就是有这种人，仗着自己资历深欺负人，这种人只要被凶一次，就孬得躲你躲得远远的，不过学长他们也有道理，虽然方群很烂，但该有的尊重还是要有，免得以后学弟有样学样也不尊重你。

“那一年，你也知道，解放军在对岸不远处举行大规模登陆军演。一开始，气氛其实没那么紧张，又或者，没有那种已经一触即发的感觉，直到某天，上面下达命令，休假全部取消，大家才知道事情真的大条了。对不愿役（义务役)来说，最重要的就是放假，而对在外岛当兵的人来说，返台假就跟生命一样重要，多少人期盼着几个月一次的返台假，好不容易能回台湾见女友和亲朋好友，就这样硬生生地被砍掉，那简直要让人气到发抖发疯，只是上面下达的命令，只能硬生生吞下去，憋在心里。

“从老到菜，谁心里都清楚为什么休假会突然都没了，除了局势紧张，还会有什么可能。从那时候开始，我们才真正感受到那种兵临城下的感觉。长官们并没有说太多，只说要有打仗的心理准备。每个人心里都在想：‘没有那么倒霉吧，刚好在我当兵时发生这种事。’

“你知道那几年有一本书叫《1995闰八月》对吧，就是说在一九九五年时大陆会对台湾有军事行动。当年这本书卖得多好，搞得一堆人都移民了。那时你如果处在那种压力的环境下，很多人又想到这本书，恐惧感自然就源源不绝地涌出来，恐惧感其实也是一种很强大的动力，可是我从来也没看过整个部队那么精实严谨过，每个人不管做什么都超迅速确实的，平常散漫得跟仙一样的老仔（士官长），大伙发现他的眼神都‘杀’了起来，跟以前不太一样，指挥起士官干部也井井有条、毫不含糊，连军官都已经开始随身佩手枪了。

“你知道那时候已经是二级战备，等级二已经算是临战边缘了。当晚，我们在中山室里堆了满满几大箱的子弹，分配下去。每个人装满了弹匣，枪支随身携带，连睡觉枪支也要摆在旁边，全副武装睡，除了洗澡之外，真的是全副武装。

“那时每天有抄收不完的电话记录，挖战备工事，战斗训练，快速反应演习，保养枪支确保校准。我那时候收到一则电话记录，里面严格要求全员军服、战斗靴、皮带均据实写上自己姓名、兵籍号码、血型。你知道这是什么意思吧！我记得有一天晚上，连长召集所有人员回连上，说了一句话：‘很高兴与各位弟兄一起当兵，如果这一仗真的避免不了，那就好好干吧！’我听了简直是哭笑不得，演电影哦，有没有那么悲壮啊！讲完之后，他要干部将资料发下去，要我们确认没问题后在上面签名。我一看这个‘资料’，所谓‘资料’，也就是制式遗书，所有人不发一语，默默地签完之后往上传。

“很多人都在传，遗书要塞在袜子里的，好像统计下来，就算人体被炸碎，小腿脚踝之间也是最完整的部分，所以有这种说法。奇怪，这事我印象特别深刻，一直到退伍后几年，我还上网查了一下，还真有这回事。”

“啧！”阿平兄不愿意去想这事，只是不得不面对时，听了这说法，还是挺实际的。

“连上干部都要我们没事就去跟家里打电话。你会看到每次只要有空当，公用电话前总是排着全副武装的弟兄。我那时候也没女朋友，只能打回家。我记得有一次，电话一接通，是我妈，她担心地问我现在金门这边怎么样，是不是情势很紧张。我只能安慰她说，都跟平常一样，不要听电视乱讲，随便虚应个几句。其实哦，我那时一听到我妈的声音，鼻子一酸，都是仰着头讲电话的，就怕眼泪流出来，挂断之后才发现还有好多想讲的话没有讲。

“我那时候就看到方群也在讲电话，他应该是打给女朋友吧！他也不管后面排队弟兄的抱怨，占着电话讲了很久。他一脸快哭出来的样子，说什么‘你不要这样好不好，拜托你……’‘我真的不能没有你’之类的，在向电话那端哀求。我看了就想，他大概要被‘兵变’了，只是平常看他盛气凌人惯了，看到他现在这种态度，还颇不习惯，也有一点幸灾乐祸。

“可是到了这个时候，大家也管不了别人说些什么，说爱要趁早就是这个意思啦！那时才懂得一个道理，如果战争真的来了，一炮弹落下来，谁管你老或菜啊。

“现在很多大学生不是说，真的打仗了就直接投降，唉！都嘴炮啦！没有经历过那种情况谁都会说。以前还没那么紧张时也是一堆人在开玩笑说，如果真的打仗了，一定先把某某机车长官学长干掉，然后再投降。但现在气氛变得那么紧张，我才明白一个道理，如果真的打仗，很多事根本是身不由己，怕不怕和投不投降都不重要了。

“那时本来平常嘻嘻哈哈的弟兄们，似乎同时意识到了这一点。在最前线的人没有爱打仗的，一打那肯定必死无疑，至少，也要拉几个垫背的。但话虽如此，什么杀敌当先、首战用我啦之类的都是屁话，最好还是努力撑到退伍都别打起来才是真的。

“情势最紧张时，不知道为何海面上的大陆铁壳船明显变多了，都靠海岸很近哦，偏偏这些大陆渔船好像都不睡觉一样，在黑夜的海面上，亮亮的一串又一串，整夜除了轰隆隆的引擎声，还放着音乐。不是放着王菲……哦，那时候我们还习惯叫王靖雯啦，要不然就是放那英，一直在那边‘我愿意为你，我愿意为你……’，要不就是‘为你朝思暮想，为你日夜牵挂……’。奇怪了，他们是都没有其他音乐可以放是不是？

“那些‘魔音’从海上传来，就像海水浴场经常用的大喇叭传来的音乐声一样。本来站凌晨夜哨，半夜睡到一半被挖起来已经让人心情不好，想说至少可以图个清静，结果又来这么个噪声，天天听，气得无处发泄，也不能开枪。其实我一直幻想，如果我受不了了对铁壳船开了一枪，整个台海之战就由我打响第一枪，哈哈！事实上，只捡起地上石头，往海面上渔船摇晃的光点扔过去，还丢不到船，‘扑通’一声就落到海里了。

“只是丢归丢，还是不敢分心，两只眼睛直盯着海面上，就怕突然爬上个水鬼被摸哨，怎么死的都不知道。平常一个人的哨，变成两个人站；两个人的哨，变成四个人站，每个哨兵暗号和口令都背得超熟，怕万一讲错被自己人开枪打死。过去站哨打盹打茫发呆，现在每个人都高度紧张。

“我们整个临海据点的阿兵哥都被那种噪声吵得精神紧张，人力吃紧，整天要轮好几次哨，双哨嘛！每隔四小时要站两小时，没哨时不断在挖立姿散兵坑，做不完的战备演练，迷彩服湿了又干，干了又湿，又没时间替换洗澡，整个人每天又酸又臭，你没闻过那个味道，大概连狗闻了都要摇摇头默默离开，臭得要命；晚上睡觉时被噪声吵得睡不着，好不容易快睡着，时不时地半夜又来个警铃大作，紧急集合演习，要多吓人就多吓人。其实那么忙也好啦，一闲下来真的就开始胡思乱想了。

“你可能不知道，面对随时可能爆发的战争，精神的紧张大到已经慢慢成为一种恐怖的压力。每天战备，很久没休假了，所有官兵神经都绷得快到临界点了，好像只要有一根针轻轻戳一下，整个就要爆开来。

“就在最紧绷的时候，有一晚正要就寝时，我刚好在站安官，有一个新兵突然摔了钢盔，把身上的装备都甩向墙上，歇斯底里地大哭大闹，他崩溃大吼：‘我不要打仗，我不打了，我投降啦。’结果我不知道士官长从哪里冲了出来，简直就是神速，大脚一抬，马上将那个新兵踹了下去，然后捂住他的嘴巴，叫人把他架走。你没看到那场面，现在恐怕会被申诉。

“我后来才懂，恐惧感不仅是动力，也会形成一种集体压力，非常可怕，只要爆发就会不可收拾，在这种情况下，一个人崩溃，就好像水坝上的小裂口一样，所有人都会跟着崩溃。所以你说打仗的时候为什么要有什么督战队之类的，就是先枪毙要投降的人，免得一个投降，全部都跟着投降，你还以为要投降像嘴巴上说的那么容易。

“不过有件事还挺搞笑的啦！因为大家害怕，我就在钢盔上用奇异笔写了一个‘杀’，然后有个班长看到了，就说：‘哟！有没有这么杀呀？’我看到是班长，就答：‘报告，是！’结果班长说啥你知道吗？‘还是呢，一炮过来，士都被炮干掉啦！’唉，那几个月，从夏天到冬天，不知道什么叫放假，全天全副武装，每天一直演练，真是一段不堪回首的日子！

“对啦！要说方群的事，他女朋友不是要分手吗？后来女朋友也不接他的电话，其实到后来我们也不能打电话了，只能写信，他写信，写了好几次，也一直都没收到回信，他心情一直非常郁闷，连欺负人的心情好像都没了，唉……那时候谁有空管他的事啊，都自己顾自己的。不过在那种情况，你还想欺负人，这不是自找麻烦吗？大概会被大家公干到死吧！总之，也没有人去管他的情况。

“我记得那年二月，金门很冷，还不到十摄氏度，海风一直吹吹吹，刺骨啊！站哨都要穿军大衣。就在那几天，我第一次遇到‘雷霆演习’，主角就是方群。你知道什么是‘雷霆演习’不？就是抓逃兵。

“唉！其实在金门当逃兵是最傻的事。金门就一个岛，能逃到哪里去啦！你要逃回台湾，港区跟人员乘船区都有卫哨兵看守，上船前还有安管组跟宪兵会清舱检查，你没有登船证跟差假证或退伍令，根本上不去。如果往海边跑，海边到处都是据点班哨跟雷区，二十四小时都有卫哨兵，如果你成功跳到海里，你还能有体力游到对面吗？

“每一梯新到部队的新兵，长官一定都先告诉你，如果遇到什么事，向连上干部反映，要不就忍一忍，在金门当逃兵，被抓到是运气好，运气不好就是死路一条，尤其是冬天，你没吃没穿的，又一直躲着，饿死冻死是以前逃兵常有的下场。所以哦，在外岛当逃兵真的是很笨。

“我们突然发现方群失踪了，全连集合点名也没到，本来连长还想压下来，要我们私下去找，结果三天都找不到，只好往上报，然后就开始雷霆演习了。那时候战备任务很重，被派去找人简直就是爽缺，其实我们也没有认真找啦！老兵都知道，逃兵要不饿了几天以后受不了，被捉回去；要不然就是自己自杀，尸体被找到，或者淹死在海边。所以那次雷霆演习，凌晨四点开始，我们几个人出去找，索性找了一个旅社睡大头觉，睡到点再回去交差说找不到。

“我们一直找不到方群，搞到全岛动员都还是找不到，也就不了了之了，因为战备任务还在，而且强度又更大了。后来我才知道，大概一个多月后，对岸又在不远的平潭岛有登陆演习，我们还是一样没有放假，一直在撑。说真的，我也好想当逃兵，可是我还有家人在等我，那时候我父母真的是我撑下去的力量，要不然我真的会崩溃。

“后来我们找到方群了，一个已经烂掉的尸体，在海边岩洞里。他身上还有遗书，大概跟感情问题有关吧！遗书里说什么要让那女人后悔啥的，其实我就觉得他根本是个天兵，不值得同情，只是人都死了，以前的恩怨也不值得再提起，那会显得很小家子气。也不知道为什么啦，一听到他死了，所有的恨一瞬间也都没了。

“过不久，战备状况解除了，我终于可以放假回台湾了，我父母来接我，我一看到他们，真的是当场就哭了出来。别笑我，哈哈，我看到很多人都哭了。

“那次放假，我跑回以前学校去跟我暗恋已久的学妹告白，当然失败了，哈哈，不过我那时也觉得都没什么，命都还在，什么都无所谓了。”

2003——

“非典”时在东莞

有台湾人做过一个生动的比喻：他们二十世纪九十年代到大陆时，搭出租车，师傅都会问他们：“来投资的吧？”到了二〇〇〇年左右，坐出租车，师傅会问：“来当干部的吧？”到了现在，台湾人在大陆，尤其是在北上广深等大城市坐出租车，师傅会问：“来找工作的吧？”

就连在大陆的台湾人都会自嘲，台湾人从最早的“台商”，变为“台干”，到现在的“台劳”，最差的是沦为“台流”。

台流，泛指在大陆没有工作，找不到工作，只能混一天过一天，又不愿意回台湾的人。他们很多人是生意失败，或者被公司解雇，觉得没面子回台湾，一直想要找机会东山再起。好一点的，靠着存款或家里接济；坏一点的，靠骗其他台湾人的钱为生。

台流通常出没在台湾人聚集较多的地区，比如说东莞的厚街，或者上海的古北一带。在这些地方，台湾人开的餐厅里，几个台湾人在吃饭，如果有不认识的人不请自来，跑上来跟你攀关系，这十之八九就是台流。我就遇到好几次，基于同乡情谊，大家客客气气地请他吃了顿饭。当然，也有太过分让我当场发飙赶人的，这都是后话了。

这两年在大陆各地常有“台湾美食展”，一群台湾小吃摊主就随着这些展会全大陆跑。尽管这些所谓的“台湾美食展”上的“台湾美食”都不怎么正宗，卖得又比台湾贵，有时候真不知道，明明就是小吃，凭什么挂上“台湾”两个字就可以卖得那么贵，虽然愤愤不平，但我有时候还是会不争气地买来吃几口。

我在某次的“台湾美食展”上认识了顾摊子的魏老板。他热情地招呼客人，一听到我的台湾口音，高兴地跟我聊了两句，一聊，就慢慢聊到了他的过去。

魏老板就曾经是个台流，他让我把他的故事记录下来，还说：“你就照着真实写，越不堪越好。”

很少有受访者会提这种要求。我后来想想，也许，他们想要的就是在那段浑浑噩噩的日子中，留下一段真实存在过的印记吧！

魏启源一觉醒来，懒懒地躺在床上想现在大概几点，大概中午了吧！阳光照不进房间，他无从判断，但照以往醒来的时间来看，差不多是十一二点。

他躺在床上扭了扭身体的筋骨，翻身探头看看下铺，下铺的潘董早就不见人影，只剩零乱的床铺。起身来坐在床上，茫然地想着今天要干吗，半晌也没什么头绪。其实，昨天干吗了，他也想不起来，看到旁边小桌板上还有吃剩的方便面汤和烟头，才想起昨晚睡前吃了半碗面。

下了床，打了个哆嗦，一月南方广东的天气还是有些冷的，他穿起了挂在椅子上的外套，拾起地上的袜子穿上，懒洋洋地去外头洗漱。

他转了转厕所的门把，锁着的，里面传来踢门的声音。魏启源忍着尿意站在外头等，摸摸外套口袋，只剩下一芙蓉王空盒，他顺手丢在旁边已满溢出来的垃圾桶里。

“催个屌，没见过女人上厕所啊！”厕所门打开，一披头散发、神情憔悴的年轻女人走出来，瞪了魏启源一眼。

他什么都没说，默默地走进厕所，拉屎后的余味仍飘散在狭小的室内，他不屑地暗骂：“做鸡还那么横。”

回到房间，打开门，满室扑鼻的霉味迎面而来。

打开手机，一堆短信传进来，大多是某某桑拿或夜店CALL客的短信，他连看都不看就删除了，有几则是讨债的，还有一则是房东传来要他快缴房租，他看了皱皱眉头。

潘总不知道去哪里了，还要跟他商量商量房租的事。他看看电话簿，一个个名字出现在眼前，脑子里也在想要跟谁周转一下，还有谁没借过钱。

翻一翻钱包，还有三百多块钱和一些几角的小铜板。他算了算，房租自己出一百五十，跟朋友借一些，这样还有一百五可以当生活费，这个月可以多花些，反正下个月就要回台湾了，可以买个小酒小菜来打打牙祭享受一下。

他挑了一件看起来还算体面的衣服，拿水抹抹头发。他外出找朋友，走出楼下铁门，阳光迎面让他睁不开眼，好一会儿才适应。

最近大家都在说有一种怪病到处流传，用醋可以消毒杀菌，街上都是醋味，闻着闻着肚子更饿了，他想想等会儿到朋友那儿顺便揩点油，赚一顿午餐，都觉得愉快。

到了餐厅包间，席间还有几位不认识的中年男子，朋友见他来了，热情地打招呼。

“来来来，这位是李董，王董，他们刚从台湾过来，是我的老朋友。李董，王董，我给你们介绍，这是我的好朋友，魏董。因为他长得黑，哈哈，大家都叫他黑松董仔，叫他黑董比较亲切啦！黑董也是我们在厚街一起打拼的战友，名气真正响亮的。”

“李董，王董，你们好你们好，都是同乡台湾人嘛！在家靠父母，出外靠朋友，以后大家就是兄弟，迟到了不好意思，我先敬两位董仔。”

话毕，魏启源径自拿起桌上杯子倒满酒，举杯一饮而尽，两位董事长也客套地举了杯喝一口。

桌上只剩些残羹余菜，但他心里也满意，拾起碗筷就开始吃起来，塞得满嘴饭菜，吃告一段落才抬头跟两位董事长聊起来。

“两位董仔，现在这里机会真的很大，可是很多人都不知道要怎么下手，常常很多刚来的钱都被骗走了，机会大，危险也多，唉……我每次看到有很多同乡在这里失败就很不忍心，所以我现在成立了一间顾问公司，专门辅导解决台商在广东这里的业务……”魏启源边说边掏出两张有点皱的名片递给他们。

“对啊对啊！黑松董仔在东莞可说是名气响当当，大家都知道他很有办法，政商关系良好，你知道那个张书记吧！前几天我们还在一起吃饭，还帮好几个朋友牵线投资，来东莞，找黑董跟我就对的啦！”朋友在旁边帮腔。

两位董事长只是始终带着笑容，听他们两位讲话，只是不时地讲些“很好很好”“很不错”之类无关紧要的话。

饭局结束，魏启源带着满足感在街上闲逛，老板们有没有要跟他合作那还是其次，好好地吃了一顿饭才是最重要的。

接近黄昏，魏启源又走到满是醋味的市场，挑了些便宜的青菜，见到地上有几个微烂的洋葱，顺手捡起来放到袋子里。

回家路上，几间大K房和桑拿的霓虹灯招牌已经亮起，绚烂迷离的灯光平添了几分暧昧，化着浓妆的女子三三两两走进去，紧实的牛仔裤包不住姣好的身材，走上楼梯臀部一扭一扭的，看得魏启源心里是火漂漂的，蠢蠢欲动。有几间店他以前总是去，熟得跟自家客厅般。

远远有辆“宝马”停下，车里走出一熟悉美艳女子，与“宝马”车主飞吻后走进夜总会，魏启源认出那是以前熟识的公主。

“哼！还不是我砸钱捧红的。”魏启源冷笑暗道，又看那“宝马”年轻车主，“用别人用过的也那么爽，表兄弟嘛！”但看了不知道怎么一把无名火上来。

“靓仔，借个火。”一艳丽女子走过他身旁借火抽烟。

“他妈的，欲火要不要。”

“神经病！”女子瞪了他一眼骂他一句。

回到住处，他坐在床上看捡来的过期《知音》，几篇文章让他看得心痒难耐，稍晚点，他炒了一盘青菜炒饭，油烟弥漫整个房间和过道。

“什么味道那么香，也不分兄弟一点！”原来是潘总回来了。

“回来了哦，来啦来啦！一起吃，煮多一点。”魏启源心想，两个人一起吃还可以分摊点钱，比较划得来。

两个男人在房间小桌板上吃起炒饭。

“今天遇到以前当兵的学弟，几十年没见没想到他也来大陆了，想说是同袍好好照顾他，要替他介绍一些人，没想到他竟然不领情，干！也不想想以前当兵时谁照顾他，现在的人哦，真冷漠不顾人情。”潘总愤愤不平地说。

“啊！让他过几年就知道了啦！让他们自己去闯闯看就知道大陆的可怕。”魏启源这样说，其实心里想的是：“就凭你，谁不知道你潘董的名声怎样！很行是吧！很行还会沦落成这样，只会嘴巴讲讲，你想干吗都被人看穿了啦！”

魏启源想到自己跟他比好像也好不到哪里去，也就没再说什么。

“黑董仔，你要返台湾了？留在这儿一起再努力看看东山再起啦！”

“没啦没啦！家里刚好有些事，一定要回去。我也不想回去，今天就快要谈好一个项目，帮忙引一条生产线进来，你想想看也知道，这关键时候我怎么回去，所以我还会待一阵子，等年后才回去。”

魏启源嘴里这样讲，只有他自己知道，其实是过年后的机票会便宜很多，才订了张香港到台湾的单程票。

前几天他生了病，头昏脑涨，一个人在房间里没出去，突然外面传来“砰砰砰”急促的敲门声。他想肯定是房东来讨房租，就假装屋里没人，屏住气息不敢发声。又是好几阵“砰砰砰”，最后只听见外面一阵骂声：“穷鬼还想住房，该死的。”踢了门一下，“砰”的一声。

房东走了，又躲过一次，暂时松了一口气，他再次想到他怎么会落魄成这个样子，唉……当初来东莞时意气风发，谁都要买他的账，怎么现在变成这副穷酸样，生个病连买药的钱都没有，以前的那些好朋友都离开他了，想到这些，他心里就一阵酸楚。

那天晚上，他七十岁的母亲从台湾打电话给他：“返来吧！至少你阿母还在这儿。”

这不是他母亲第一次打电话叫他回去，可是他想，即使众叛亲离，但母亲始终还是支持着他，这个想法触动了他，就在那一天，他决定回台湾，随后，母亲帮他买了一张香港到台湾的便宜机票。

“这些死阿陆，也不看看当年是谁带钱来投资的，都不知道感恩，现在可好，说翻脸就翻脸，妈的跟K房那些婊子一样无情，干！我不甘心。”潘董吃饱了又开骂。

“自己败掉就不要怪别人，反正你在这儿玩也玩够了，也够本了，再给你几千万一样会被你败掉。”魏启源听着潘董在那边骂，心里暗自笑。

他又想到自己的处境：“唉……要不是那个女人……我对她那么好，我人生就败在她手上。”

这一年的冬天感觉特别冷，因为怪病的传言，外出的也不多，尽管要过年了，也没有喜气洋洋的气氛，街上显得特别萧条。这怪病大家都叫它“非典”，听说已经死了好多人了，每个人谈起“非典”，都是说：“我朋友……”说得绘声绘影，好像亲临现场，但实际情况是怎样，也没人说得准。

年夜饭，几个台湾人，聚在魏启源与潘总的小房间，各自带了一些菜、肉、便宜酒，围在一起吃火锅。大家知道魏启源要回台湾了，都轮流敬他，恭喜他“毕业”了。

酒过三巡，大家都沉默下来。沉默一阵，开始有人暗自啜泣，越来越大声，接着，有人开始跟着哭，最后几个男人哭成一团，也不知道最后怎么结束的。

真的懂大陆吗

隔天，魏启源拖了重重的破箱，买了一张最便宜的车票从常平车站到深圳，又经过罗湖口岸进香港。

才过罗湖桥到香港这边，就看到从警察到海关办事员，个个都戴着口罩。入关的队伍排了好长好长，排到前面才知道每个人都要量体温才能入境。一路上，从火车，到大巴，再到飞机，所见之人几乎都戴着口罩，这让没有戴口罩的魏启源好像是个异类，每个人都用有点嫌恶的眼神看着他。

机上乘客不多，异常安静，空服员、乘客几乎都戴着口罩，偶然从机舱的某个角落传来一咳嗽声，乘客们都要转头往声音那个方向望去。

飞机降落台北，机轮触地的刹那，魏启源一阵鼻酸，百感交集，终于有种踏实的感觉，回家了。

不知怎么回事，下飞机，乘客移动缓慢，堵在空桥中，好不容易从空桥走进机场大楼处，原来是一群戴着口罩的人员给乘客一个个量体温，旁边还有许多记者拿着摄影机在拍摄。

轮到魏启源，工作人员拿耳温枪放到他耳内，他只觉好笑，小题大做。

“先生，请问您到香港之前有在任何第三地停留吗？”工作人员客气地问他。

“呃嗯……第三地，我刚从东莞回来啊！”魏启源回答。

“广东东莞？”工作人员激动地加重语气又问他一次。

旁边记者像鲨鱼嗅到血腥味般，一听到“广东”这个关键词，一阵乱，把魏启源包围起来就是一阵拍摄。

“先生，你可以说说广东那边的情况吗？”“先生，广东那是不是死了很多人？”“先生，你没有戴口罩不害怕吗？”“刚从那里逃出来，你现在心情如何？”“你对大陆政府的处理态度如何看？”

一群记者围着丢出连串的问题，让魏启源一时反应不过来，还觉得莫名其妙。他是听说什么“非典”在流传啦，但有那么严重吗？

有几个人急急忙忙地小跑步过来，把记者隔开，要魏启源跟他们走，表示说，从大陆回来的，要强制进行自我居家隔离。

“我又没生病，也没发烧咳嗽，身体很健康，刚才体温也量过了啊，干吗要把我隔离，你们哪有这个权利。”魏启源不高兴了，大陆“非典”是严重一点，可是我又没被传染到，凭什么要被隔离。

“先生抱歉，这是规定，现在都是这样。”他们客气中又带点强硬，“我们有车子会专程把你送到家，请放心。”

“家？”魏启源一下蒙了，“对啊！我要去哪个家，老婆已经没了，房子都给她了，小孩也不理我，我还有哪个家能去？妈妈家？拜托，五十几岁的人还要让七十多岁的妈妈养，说出去多丢人。可是，我还能去哪里？算了，有人送也是省笔车费了。”

上了车，工作人员才又跟他道歉：“先生对不起哦，本来是不用那么麻烦的，可是媒体都拍到了，所以我们也不得不这样做，请您谅解……”

回到云林虎尾的老家，母亲替他准备了一个房间。

关在家里，站在窗台上看楼下人来人往的、戴着口罩的路人，仿佛不想让别人察觉到他们的喜怒哀乐。有时候会看到街角几个三姑六婆对着他的窗口指指点点，本来嘛，在这种乡下小地方，这种事传得就特别快。

但魏启源想被人指指点点也是应该的，可是他真的不甘心啊，那么多钱和心血一下都没了，血本无归，有时候想死之心都有了，现在只是苟活着，每天茫茫然，人生没有目标、没有盼望。

每天固定两个时间，卫生所的工作人员和管区警察总会上门拜访，说是看他身体有没有不舒服，其实就是看他有没有乱跑。两三天后，魏启源索性搬个椅子到窗台边坐着看书，他们只要看他还在窗边，索性就过门不入。

年迈的母亲每天让他下去吃饭，那么多天看到那么多人，只有母亲的脸是完整的，好几年没见母亲，他发现母亲皱纹更深了，头发已经全白了，背有点驼，走路有些迟缓了。

“有呷饱没，呷多点身体才会健康。你也到了要养生的年纪，这几年乱喝酒，身体都被打坏了，要好好注意身体免得以后跟我一样。”母亲一开口，就念个不停。

“知啦知啦！”

“叫你不要去大陆就爱去。你看，现在什么都没了，有什么用，男人哦，有个家庭，晚上回家有个人念你，有个小孩抱抱，比到啥KTV抱翅仔都有用。”

“知啦知啦！我不是返来了，人越老越啰唆，一直碎碎念，我怎么记得你以前没那啰唆。”

“喂喂！我恁母耶，再讲也没几年可以讲啊，你让我多讲几句也不行哦！少年人要爱听长辈的话。”

“好啦好啦！免烦恼啦！一切都真好，要相信你后生，好不好？”

母亲还是一样啰唆。想到自己都半百的人，还要靠母亲养，心里又是一阵酸，他不想让母亲担心，所以对于母亲的询问，都故意用不耐烦来虚应过去，再怎么样，坏事，往自己肚子里吞就好。

以前总觉得母亲啰唆，但现在每一句啰唆的话都像在安慰他一样，与母亲相处的机会越来越少，见一次少一次了，嘴巴虽然还是硬的，但他心里很清楚，就算不想告诉母亲什么事也没关系，母亲念他几句，他也开玩笑地跟母亲斗斗嘴斗个几句，这样母亲也会开心的。

在家隔离的这几天，魏启源除了看电视，就一直看书，很久没看书了，把很多一直听朋友在讲，似乎是挺畅销的书拿来看。他看了几本这两年很流行，写大陆经验，如何在大陆投资发财的书，通常看了几页，就被他丢在一旁；还有，这两年炒得很火爆的，不管是大前研一还是章家敦，什么中华联邦或崩溃论，他看了也是直摇头。

“放屁！”这是他对这些书下的简短注解，“都是屁，吃屎啦！没有一个懂大陆的……”

可是他真的懂大陆吗？他突然想到，到大陆那么多年，他也只在一个广东省，最北也只到过广州，广州再往北呢？广东以外呢？他其实真的不知道，只是从朋友同业那儿道听途说再渲染扩大说给其他人听而已。

魏启源想想自己的“大陆经验”，好像真的除了女人，就再也没有什么了，又或者说，他不想再想起什么，因为那些事回想到最后，就意味着他承认自己的失败。

早在几年前，魏启源还是名震东莞各大夜场的人物，江湖上号称“东莞快枪侠”。所谓快枪，就是他对各大K房、桑拿房的小姐技师了如指掌，一干猪朋狗友跟着他混绝对不会出错。当然，若是不知这些内情，这个称号对混声色场所的男人来说其实不怎么好听，但魏启源为人豪爽海派，对这个称号不以为耻，反而沾沾自喜。

比起在台湾整天面对一个黄脸婆的苦闷生活，他在这儿受到许多女人的欢迎，身为男人的自信心极度膨胀，觉得自己风流倜傥，风流而不下流，当然，这都是他自己觉得的，他告诉自己，这才算真正的男人。反正，他在东莞享受到在台湾从来没有过的虚荣心，每天都飘飘然的。

口袋饱了，他也沉迷了，眼前小姐一个比一个漂亮，“黑董”“黑老板”叫得一声比一声甜，夜夜笙歌，像国王般超享受地挥霍着，在K房里捧红了不少公主，把妻儿都抛在脑后，直到他遇到小琪。

就如同每个用下半身思考的男人“沉船”俗套故事的起头：小琪家里有久病的老母亲，弟弟还在读书，所以虽然本科毕业，但为了钱，不得不到K房来上班。

据说小琪是“第一天”上班，魏启源见惯了各式各样的欢场女子，但本科毕业，谈吐有气质又优雅的还真没见过几个，所以对她印象深刻。听说小琪是学财务的，豪爽之下就让她到自己公司里上班了。

小琪美貌和气质兼备，魏启源哈她哈得要命，再加上她表现优秀，深受魏启源的信任，魏启源让她做他的助理，这当然是别有用心，结果这助理做一做，从办公室做到了床上，所谓助理，就是帮助解决生理和心理需求。

顺理成章的，小琪上位成为公司的老板娘，魏启源对她可信任了，许多事都放手让她去做。

至于他台湾的老婆呢？当然也有风声传到她耳里，魏启源为了安住她的心、堵住她的嘴，索性把他名下的房产都让给她。两人虽然也没离婚，但也没婚姻之实。

小琪推荐了很多亲朋好友进公司，甚至有些在重要部门，这魏启源当然都知道，所以一方面他满足小琪帮老乡找工作的请求；另一方面，他还是留了一手，安排一个他一手培养的年轻人阿庆“卧底”在他们当中。这些人私底下做些什么，他可是一清二楚。

其实也就是单纯地帮忙安排工作，但魏启源还是有些顾虑，他让小琪管公司财务，又升了阿庆管公司的印章，两个人互相牵制。

这样做倒也相安无事，久了魏启源也就渐渐放心了。

有一次他回台湾，半个月后再回到厂里，竟发现里面阴森森的空空如也，什么都不见了，只剩下一座壳似的。他大惊，没有人说得出是怎么回事，最后还是一位以前被小琪逼退的财务经理说出了事情的经过。

原来小琪和阿庆两个人早在他眼皮底下好上了，表面上两人互有矛盾、互相牵制，事实上都是演给魏启源看的，两人早就在计划怎么亏空他的公司，就这样等了一年多，终于等到时机成熟，趁着他回台湾的时候来个五鬼搬运，就连办公室的桌椅都给转卖光了。

魏启源又气又恼，气的是他觉得他对他们两个都那么好，现在他们两个密谋合作来捅自己一刀；恼的是他一向觉得自己是个精明的商人，竟然没有识破这种计谋。

他把剩下的钱都花在打官司上，可是输了，一夕之间从天堂掉进地狱。

想想很不甘心，他一直在想办法，找同业，找朋友，找认识的官员，可是都没人理他。他想怪了，以前想办法结交那么多人脉，打通那么多关节，到了关键时候一点用都没有，越想越气。他自认为人豪爽，讲义气，以前帮过的人也不少，可是轮到他有难，每个人都对他唯恐避之不及，其实他气的是这一切好像都否定了他以前的交际手段。

已经一无所有，出了这种事实在丢脸，回台湾很没面子，当年风风光光来到此地，怎么落荒而逃，所以他留在东莞，期待东山再起的机会，想要给那些背叛他的人、落井下石的人一些颜色瞧瞧。

理想是远大的，但现实很残酷，他没钱了。

他搬到又小又破的群租公寓里，与他的朋友潘董合租一间小房间。潘董也是在这里生意失败，无颜回台。偶尔，他们能够靠着以前的关系，帮人“牵线”，赚一些介绍费，或赚一顿饱餐，但更多时候，他们四处跟朋友借钱，从几千几千借，到后来大家可怜他们，两三百地借，打发他们走。

唉……人活到快五十还跟人这样几百块几百块地借钱，算是失败了吧！

魏启源并不这么想，他一直觉得他有翻身的机会，这不算借，以后他成功了会加倍还给朋友的。

但时间一久，他东山再起的雄心壮志就被消磨光了，苟活一天是一天，每天都像行尸走肉般虚度。

继续当台流

魏启源这几天在台湾老家，才真正慢慢回想过去几年的种种，以前的人生真的算是失败了，可是以后呢？以后该怎么办？现在五十岁了，如果身体还说得过去，未来至少还有二十年，难道就一直过这样的日子？

好久不见的老婆竟然来看他了。

“哎呀！夫君呀！你这下肯回来了哦？”老婆语带调侃地走进房里。

“你是来笑我的是不是，有什么事？”

“好久不见了，总要关心一下对吧！就算是朋友都要问候一下的，更何况好歹我们也是夫妻。我算算啊，几年了，哎哟，在大陆成了黑户，没被公安抓走哦？”

魏启源心里总觉得，房子都给你了，我也没欠你什么了，所以面对老婆，心里倒也轻松，他挥挥手示意她别乱开玩笑。

“我还在隔离，你就不怕我传染给你什么‘非典’，大摇大摆就这样走进来。”

“嗯？讲什么笑话，你有二奶我都不怕了还怕SARS。看你还没死，我就放心了，反正我现在看开了啦，托你的福。”

“……”

“哼……你逢场做做戏，我倒还可以睁只眼闭只眼，晕船就好，没想到还给我沉船了。之前就跟你说大陆婆仔最势利，手段最厉害，你不是她们的对手。你看，弄到最后搞成这样，你觉得爽快？”

“好了好了，我知道了，你别啰唆了。”

“我啰唆？看还有谁会跟你说这些。你们这些男人，一个比一个更不顾家，对你们好以为是理所当然的，你以为给家里钱就算负责任，那我帮你生孩子不养也算是负责任？女人真苦命哦。”

“别再说了，越讲越生气啦！”

“你也知道越讲越生气，谁叫你几年才回来，我已经忍了很多年，要是你常常回来每次让我说一些，我是会那么生气哦？”

老婆越说越激动，突然眼泪就流出来了，本来还有些玩笑的气氛，怎么就变成这样，这可让魏启源有些手足无措。

“当初没听你的是我不对。那个成龙说什么，我犯了天下男人都会犯的错，对啦，我是做错了，你先别哭好不好？”

没想到老婆哭得更厉害了，说：“人家是国际巨星，你跟别人比，你魏仔只是普通人，安分守己待在台湾不好，偏偏要学人家去大陆，什么好的不学去学人家包二奶，要不是为这个家，为小孩，你以为我愿意，我青春都给你们魏家了，我得到的是什么……”

几年前跟老婆谈判时，老婆态度冷静，他还以为老婆对他也没什么感情了，没想到这几年她心里是那么委屈。上次见到老婆哭，还是他们谈恋爱的时候，结婚生小孩以后，就没见她哭过。

上一次跟老婆一起在这间房间是什么时候呢？他依稀记得，有一年他们一家四口过年回老家，大概十年前了吧！

那时候真忙啊！用老婆娘家的房子贷款买了机器，夫妻两人从接单、制程、送货、售后服务全都包了，没日没夜地努力赚钱。当天是除夕，早上他还赶着出最后一批货，到中午他开着车载着全家人回来，本来只要三个多小时的高速公路路程，因塞车硬是开了七个多小时，回来时年夜饭都吃得差不多了。

那时候父亲还在，他还记得回到老家，父亲第一句话就是“钱赚再多都赚不到跟家人相处的时间”。他那时候也没多在意。

小孩可开心了，一回来就刚好赶上发红包的时间，都顾不上吃饭，跑出去跟堂兄妹放鞭炮，只留下他跟老婆边吃饭边跟兄弟妯娌们聊天。母亲还把一些菜重新炒热了端上来，本来老婆还想帮忙收拾的，被母亲阻止了，要他们先休息。

因为一切都那么匆忙，父母留他们在这里睡觉。他倒头就睡，直到第二天早上十点多被鞭炮声吵醒。

“你记得那天我们睡在这儿吗？你跟孩子很快就睡着了，我很累，可是我没睡着，我那时候想，结婚那么多年，虽然累，但我们都在做同一件事，看的是同一个方向，我累得很值，可是现在……”老婆哽咽地说。

魏启源心里一惊，她怎么知道我在想什么，他脑子里浮现了一个词——“枕边人”，睡觉头同在枕边，总是靠得那么近，时间久了难道连想法也会互相影响到？

就算是分居那么久，但曾经是枕边人，感情还是有的，他看到老婆那么难过，心里也不好受，感到愧疚。他一直觉得，房子都给她了，让她当个包租婆收收租金，过着衣食无缺的生活，这样就算对得起她了，但他看到老婆这几年来的委屈，才意识到自己真的很自私，原来他想得简单，但其实他只是想让自己心里好过点才这样做，根本没考虑到他人。

当初到大陆，就是见朋友同业上下游都去了，他就跟着去了，结果竟然是这样。这几年的种种快速地在他脑海里过了一遍，一直到他沦落为台流到处蹭吃蹭喝的片段戛然而止。

他有个念头，要是我现在对老婆好一点，安抚安抚，或许可以说服她，从她那里拿到一些资金，重新开始。

这个念头在脑海里一闪而过，他无法接受他会有这种无耻的想法出现，他想，对于一个男人来说，沦落到要从女人那里骗钱来用，这实在太可悲了。

“可是那本来都是我赚来的，不是吗？只是暂时让她保管而已，如果我要回来，那也是理所当然的，不是吗？”魏启源心里挣扎着。

看老婆这样一直难过也不是办法，他给自己一个借口，尽管感情已淡，但好歹也是夫妻一场，看在这些年她一直很辛苦，魏启源也有些于心不忍，先让老婆开心点吧！

又或者他心里真的有那么一丝丝想要与老婆重新开始，又或者他只想要凑点钱再回大陆做生意，于是他开了这个口。

“我们跟以前一样吧！”

老婆先是一愣，然后哭得更厉害了。

“你三八啦！几岁的人还在这样学少年人搞纯情，我几十岁的女人了你还这样调戏我……”

老婆走了之后，魏启源觉得这事有希望，心里难免舒服些，对未来又有点信心了。

隔离期结束，他终于可以到外面透透气，找些老朋友聊聊天。

但有些人知道他的底细，表面跟他嘻嘻哈哈，私底下都在笑他。

“黑董仔，你竟然活着回来了哦，没被SARS煞到哦，真没想到。从那地方回来，抵抗力有没有变强一点，心脏也变大颗了哦。”

“你看，就跟你说大陆也有流氓，你玩不过他们的啦！人家斗性一个比一个坚强，你有那个本事吗？”

“魏仔，赚大钱回来了哦？大陆一定很好赚钱，你那么久都不回来，提拔一下啦！”

“你上次介绍的那什么官，是清朝的官是不是？怎么一点用都没有啦！哈哈！”

有些朋友比较不厚道，有意无意地讽刺他，他也只能假装听不懂。

但跟某些臭味相投的朋友一聚，以前那个作风海派、豪爽的黑董又回来了，都说男人到了四十岁只剩下一张嘴还真不是说假的，这个年龄层的男人聚在一起喝茶喝酒聊天，就喜欢互相吹嘘。

“人家是把心留在了爱情海，你是把精留在了珠海哦！”

朋友边敬酒边亏魏启源，众男人猥琐地哈哈大笑。

“来来，都把家里妈祖婆忘光光了，外面包了十几奶了吧！”

讲到玩女人的经验，魏启源兴致就高了，说：“自古男人就爱美女。你看，我宁愿当个浑蛋，去跟年轻小姑娘瞎混，也不要做道德守卫者，结果得到身边欧巴桑的肯定。”魏启源有些醉意地回答。

又是一阵哄堂大笑。“黑董果然是救国团团长，宝刀未老。”

有些人不知道魏启源的状况，也想要去大陆发展投资，请教他的意见。他也都能讲得头头是道，把别人唬得一愣一愣的，顺便想有没有合作的机会。

“大陆市场真的很大，全世界都在往那里跑，再不去就要落后了……”

“男人就是要见世面，您公子那么优秀，留在台湾这小岛真是埋没人才，将来就应该读北大、复旦，先读个硕士班，搞好大陆的人脉关系……”

“在大陆，人脉很重要，只要人对了，什么事都解决了，这点我们台商摸得都比外资清楚多了，哈哈哈……”

有些话是他不知哪里听来现学现卖，尤其是什么大格局，宏观的看法，也有些是他亲身的经验体会，尤其是什么女人啊！失败的经验，当然他都会说“他有个朋友……”的惨痛经历，绝不会说是他自己，但讲出来难免会有些心虚。

讥笑他的话，他会选择性地忘记，但如果有人愿意请教他，被人重视的感觉真的很好，他自认他的大陆经验很丰富、足够，应该可以有一番作为，这次只是太不小心，太不小心了，翻了个大跟斗，要是有人愿意出钱投资，让他杀回去，一定赚大钱。

魏启源越想越有信心，心里澎湃着，好像一切问题都迎刃而解，前途一片光明。

他信心满满地北上去找老婆，买了点小礼物，本来还想顺便见见孩子，可是孩子摆明了不想见他，这让他心里有些失落。

“唉……几年不见，他们都有自己的想法了。”

如果老婆肯借这笔钱，不，不应该说借，本来就是自家的，只是暂时让她保管而已，就算是帮她投资好了，想到这几年她一个人也不容易，一定要更努力赚更多钱回来，到时候全家人可以过上更好的生活，那也是好事啊！

“我有话跟你说……”

跟老婆约在星巴克，他晚到了十分钟，只要了一杯水。

“我也有话跟你说……”老婆看着他，冷静地回答。

“你先说吧！”

“还是你先说吧！”

“这个……我觉得我们，以前是不是一直沟通不够，那么多年是我不好，其实我一开始也是为了这个家，我知道我做得不好……哎呀，我在说什么……反正……总之……我觉得我们……”

“我们离婚吧！”老婆喝了口咖啡，平淡地说。

“不是……那个……”

魏启源高昂的兴致一下被推落谷底，尽管表面上保持冷静，微笑还是那个微笑，一下子僵住了，多了几分苦味。

老婆微微笑道：“我好不容易有了自己的人生……”

他听到这儿，就知道没戏了。

一下被浇了桶冷水。但没有从老婆身上拿到这笔钱，这反而让他一下松了口气，开始想，他之前居然会有那种念头，想想都够丢脸的。

“你该好好想想规划一下未来，人生已经走到后半段，我们都不像以前了。”最后他只记得老婆说了这句话。

活到快五十岁，又没工作，还能做些什么？在大陆那么多年，业务上认识的人都在大陆，经验也全都是大陆的，都已经跟台湾社会脱节，台湾已经没有他的立足之地，在台湾他还能干吗。

“算了，返来东莞吧！”他有了这个念头。

“返来？”难道那已经是一个用到“返”字的地方了吗？好像对一个地方有了归属感，才会用到“返”这个字眼，魏启源惊觉自己竟然这么理所当然地想。

有些人很不理解，好不容易回台湾了，就踏踏实实地在台湾生活，干吗还要回大陆，说不定还是找不到工作继续当台流，问他，他也说不出个所以然。

也许，在那里辉煌过，也在那里跌到谷底，对他来说，这经历太过深刻，反而把他粘在那里离不开了，他想要的就是那种惨到不行的存在感。

他给几个以前的朋友打了电话，看看能不能找个当地的工作，如预料的，大多虚应他个几句，满口好好好，所以他也不抱太大希望。他在想，这次再去，到底要做些什么；大陆这个地方，好像一旦去了，不管成功或失败，都回不了台湾了。

临走前，他又不知道从哪里弄了几箱医疗用口罩，说要带过去转卖，赚点生活费。

他很清楚地知道，他回去后八成还是一事无成，茫然度日。

果然，虽然他天天一早起床都想要振作，但欲振乏力，还是过着每天都不知所以然的生活，但是自己给自己的压力又时不时地浮出来，让他很痛苦，只好逃避去想这些事。

不久之后，他几乎是同时收到两封从台湾来的快递：一封是前妻汇的一笔生活费，够他省吃俭用过一年；另一封是母亲帮他买的一张一年期的回台湾的单程机票。

拿到这些钱和机票，他眼前一亮，心中的小想法又开始滋生而蠢蠢欲动。

他的第一个想法竟然是大吃大喝一顿，去桑拿找几个小姐爽个几回，等到钱花得差不多了，撑不下去后就回台湾吧！

想到这里，他在小房间里大哭了起来。

2011—

嫁个北京老公

大概在汪小菲娶了大S那一阵子，我认识了一对夫妻，老公是北京人，老婆是台湾人。

这夫妻两人话可真多，一开口，乍听之下像在吵架，再听之下，又挺像说相声的，随便开口都是段子。

我喜欢这种有默契的感觉，生活中嘴里边斗边玩。从他们跟我开始聊起，我也不用说话，光听他们两人讲话就乐得我哈哈大笑。

台湾女孩很少有像她那么会讲话的，我甚至怀疑她只是故意说着台湾腔逗闷子玩的北京女人。

“那年我为爱走天涯，放弃了在台湾的高薪，好不容易在上海找到一个金融行业的工作。我男友早我一年来上海，事业很成功，我为了不让别人认为我靠他养，所以也找了份工作。只是没想到，我来之后发现男友原来早就移情别恋，他来上海也是为爱走天涯，追随他的GAY男友。”

“我说这男人，挺有效率，出轨和出柜同时进行，事业是成功了，但是人也成受了哈。”

淑全转过头去瞪了李品一眼，说：“正经点。”

“我以前一直自视甚高，就觉得自己难道魅力不够吗？遇到这样的打击，简直如少林武僧拿着大铁锤往自己胸口一击，心都彻底粉碎，整个世界都要垮了。

“我好一段时间意志消沉，心想再这样下去不行，于是听了别人的建议去西藏散散心。至于为什么是西藏，其实我以前根本没到过大陆，连上海都还不太熟，可西藏以前一听就有种神秘感，特别神圣纯净的样。那阵子我一直想要抓住什么，心想，在西藏应该可以‘找寻自我’。”

“你们这帮娘们儿，一张嘴就西藏、丽江、凤凰，也不动动脑子，典型就是让门挤了，不去西藏就找不着自我了？我还就不信了。西藏地方那么老高，去了准缺氧，哥们儿跟三里屯、后海酒吧泡一宿，第二天脑袋一样发蒙，还去西藏干吗？”

“你这男人话怎么跟娘们那么多，轮到你讲你再给我开口。”

淑全抱怨的话讲完，语气一变，又变回台湾女生讲话那种柔柔的感觉。

“没想到我到了西藏感觉更孤独，索性也不出去，天天躲在客栈里搞自闭。在上海时还能强忍悲伤，到这里没人认识就一直哭一直哭。以为自己很坚强，真的遇到事才知道自己哭点特别低。”

“我那会儿跟她住一客栈，眼见着这妞哪儿都好，就一毛病，忒爱哭。听会儿歌吧，哭了；看看蓝天白云吧，又哭了，这我也就忍了，最牛×的是，看看天气预报都能哭掉眼泪，一到晚上七点，电视一说‘观众朋友，晚上好’，我都想哭了！咱这眼泪怎么就这么不值钱，你不知道好多老百姓还喝雨水吗？这就是浪费，等同于犯罪，知道吗？”

“他这个流氓，趁我心里空虚难过时找我搭讪。没想到这一搭，我也好像找到可以抓住的浮木一样，从此我们两人就不可收拾地好上了。哈哈，我知道你本来只是想旅行艳遇，拍拍屁股就走，玩纯良的代价很大对吧？”

“这你就不知道了。我这人呀，最怕别人说我不懂事，哪能辜负您的美意呀？再者说了，这叫有便宜不占王八蛋知道吗？当初我追你，嘿，其实也不算啦，就当是咱俩互相追吧。我跟你说啊，就我那帮哥们儿，把我活剥了的心都有，知道什么叫羡慕嫉妒恨吗？原来什么样？台湾富商来大陆挑媳妇儿，弄得跟选美似的。现在呢？大S赖上汪小菲了吧。跟你说这是刚开始，这叫什么？这叫通货膨胀。你看看那微博上的台湾姑娘，脸画得跟鬼似的。知道的是准备勾搭大陆富商，不知道的还以为要勾搭钟馗呢！”李品得意扬扬地说。

“你丫别再跟我翻小账，你这男人怎么那么啰唆啊，不累啊？”

“哟呵！真行啊！学得还挺快，北京媳妇儿没白当呀！

“我差点给忘了，今儿，要说去她外公家的事。”

“‘她外公’？我都叫你爷爷‘爷爷’了，你还叫我外公‘她外公’？

“我们结婚以后，回了台湾一趟，带着他去见台南的外公。之前结婚我们是在北京办的，只有我父母去了，外公都还没见过他，让他也去看看外公……”

“对别人来说那天也没什么特别的，可对我就不一样了。台南什么样？那就是绿营的窝，个个都台独分子，马路边一站，嚷嚷句‘哥们儿大陆来的’，立马出来几个拿家伙的，叮咣五四直接砍哪，就跟那古惑仔似的，连个收尸的都没有。”

“哪有那么严重，台南人最热情了。其实我以前也跟外公没太多接触，除了偶尔大年初二跟母亲回台南娘家见外公，我对外公是一无所知。我小的时候最怕接到外公打来的电话，外公电话中那略带沙哑而低沉的嗓音，更早于我对外公外貌的印象。

“我每次接起电话，总说‘你好’。‘你草地仔哦？’如果电话传来这样的回应，那就是外公。一听到是外公，我每次就想惨了惨了，讲国语又被外公抓到了，不知道怎么办，只想妈妈快点来解围。我每次总是用不怎么熟练的闽南语虚应几句就转交给妈妈，才松了一口气。”

“什么叫草地仔？哦，给哥们儿弄到草地上就宰啦。哥们儿好歹七尺多高一汉子，死也得死得悲壮。”李品说。

“那是老一辈台湾人对外省人的称呼，他们觉得外省人很土没见过世面，就跟乡下草地来的一样。”

“她原来还告诉我，让我少说两句，说是她外公不喜欢外地人，哪的都看不起，还教了我几句台湾话。我也忘了是从哪个台湾片儿里听见有那么一句‘恁娘卡好’。我一直认为是问候人的话，就跟‘吃了吗’差不多呢。还好她跟我说过，要不哥们儿现大眼了。这台湾话不是一般难学，你说，大家都说普通话不就完了，哪有那么多啰里八唆的。”

“还敢说，你们北京土著讲起话来就跟嘴巴里含颗卤蛋一样，比周杰伦唱歌还不清楚，有什么好得意的。”淑全忍不住回嘴。

“可能你也会觉得我外公是个愤怒老头。我记得有一年外公生日，好像是他六十岁吧！我跟妈妈回到娘家，外公在家门前开了二十几桌流水席，街坊邻居和亲朋好友来来去去从中午吃到晚上。外公酒喝多了，一时兴起玩心大发，跳到前面舞台上边唱歌边与穿着清凉的舞娘跳舞，台下亲友忘形地欢呼鼓掌，气氛热烈。可是我从小听妈妈说外公是大男人主义的奉行者，像他们那些出生于日据时代的男人都是这个样，平常都是一副高仓健般的铁汉样，作为家里的顶梁柱，不轻易让人看到他的内心，对家里人，据说妈妈的五个兄弟姐妹从小都是被吊起来打到大的，对外公又敬又怕，但兄弟们对于妻子，又是茶来伸手饭来张口理所当然。

“那天我们坐高铁南下，本来我想带他坐一次台湾高铁见识一下的，没想到他一看车厢前方电子走马灯显示时速250公里，漫不经心说：‘京津线都上350了。’气死我了，这家伙什么都爱跟我比。我们在车上斗嘴还挺令人瞩目的。

“这家伙真的挺得瑟，快到站时，前座一对老夫妻也在台南站下车，取行李架上两个大行李不方便，他就帮他们拿下来，后来干脆好人做到底，帮他们提着行李出站，还帮老夫妻提行李到他们亲友处。老夫妻不断地跟他道谢，称赞我们，后来老夫妻问起他的名字，你知道他答什么吗？他竟然回答：‘我叫红领巾。’我在旁边尴尬死了。

“我让舅舅开车来接我们，因为高铁台南站离市区还很远嘛，我舅跟我外公还住在一起……”

“要说这个，你们台湾的还挺爱学儿化音，学又学不像。你知道她舅舅问我什么？‘现在从北京儿到台湾还要不要转机儿？有直飞儿了吗？’你说，你见过北京有几个这么说话的？别老以为我们什么都加‘儿’，就跟我之前一直以为你们台湾说话全是什么‘啦’‘啊’‘呀’之类的，全跟娘们儿似的，一点爷们儿样没有。”

“哈哈，我想到了，路上那个人还跟你说‘侬好’呢，我看你那时候都要爆炸了。”

“我们跟你舅车上时候，后边骑摩托的狂按喇叭，就是那个，戴一消防盔，汗衫大裤衩子，跟飞似的追上来的那哥们儿。你舅说是他同事，记得吧。我正琢磨怎么打招呼呢。嘿，我还没说，他先说了，张嘴就‘侬好’。当时我就蒙了。你说让我怎么往下接，见过小丸子脸上五条线，乌鸦跟后边飞过去那表情吗？我这辈子就没见过这么丢人的事。后来我一琢磨，你们这儿的人根本就不知道什么叫北京什么叫上海。”

“你不知道，我那时候坐在前座，憋着笑到快要得内伤了。舅舅还不知道我在笑什么，就看他脸色一阵青一阵白，尴尬又心不甘情不愿地回答：‘侬好侬好……’”淑全笑着说。

“说实话，我挺喜欢台南的那种感觉。胡同里边有个庙，门口摆上几个小摊，树底下几个老头儿喝茶聊天，跟老北京胡同儿差不多。等一进你外公家，感觉就更重了，‘味道’知道吗，北方家庭的味道！跟台北不一样，是一种家常的感觉，那会儿我就感觉已经在台南了。”李品喝了口茶后说。

“那天到外公家后，寒暄问候几句之后就不知道要说些什么，陪着外公一起坐在电视机前面看电视。外公前几年中风之后，讲话和行动一直不太方便，人也就变得沉默了。我们三人一起坐着看电视，外婆忙进忙出，偶尔来讲几句话。那时候只觉得外公一直在转电视，转来转去都差不多，好像老了之后就只能这样默默坐着看电视，一阵心酸。

“我记得我们一进门，外公就用虚弱的语气叫着外婆‘阿惠阿惠’。后来跟外婆聊起外公的身体，她说外公年轻时像一尾活龙，就只会叫她‘喂’，现在老了，身体不好了倒是变得有礼貌，知道要喊名字。外婆带着微笑说得淡然，不知为何，我听得惆怅。”

“跟那儿看电视，也没人理我，还挺尴尬。我就说出去买饮料，结果还遇上一帮怪老头。”李品说。

“啊？你没跟我说啊！我那时候以为你迷路了。”淑全恍然大悟。

“我刚一出门儿，树底下那帮老头就把我叫过去了，弄得我一惊，还以为有什么事儿呢。本来想假装听不懂混过去完了，结果他们一看我没反应就叫‘同志，过来坐坐’，我一琢磨，没辙了，过去吧。

“他们就问我，是北京的是吧。咱得有礼貌啊，‘是’。有几个老头就开始喷了，说他们也去过，什么长城啊，天安门啊，天坛啊。后来一老头更逗，冒出来一句‘还有天上人间’，这群老头笑成一团，我就傻儿吧唧地陪着笑。

“然后就提醒我，让我小心你外公，不对，小心外公，说外公最讨厌外省人了，还说什么现在台湾男人娶不起大陆妹，只能娶越南妞儿什么什么的，反正就是你一句我一句，别提气氛多好了，我也说了不少。哥们儿首都来的，哪能输他们呀，虽然不是上知天文、下知地理的，但是也得让人知道咱北京人见多识广啊。本以为咱这侃爷功力十足，谁知道这帮老头更能喷。

“有一老头拿酒杯要敬我，告诉说是代表台南市。我一琢磨，咱也代表北京敬敬他。敬完我就想，咱堂堂天子脚下三朝古都，台南只不过是个地级市……哦，就算是已经升直辖了，也有点亏啊。”

“这家伙自来熟的功力真是一流。”淑全摇摇头，“我看他那么久还没回来，出去找他，就看他混在那群老头当中，你一句我一句，你一杯我一杯，力战酒国群雄，喝得兴致正高。我一看，大白天喝酒这还得了，赶快把他给拉走了。”

“她过来抓我那会儿，那眼神比城管都深情。我一直以为南部老头都是政治狂热分子，其实还挺可爱的。

“我们回去后，还是一样陪着外公看电视。外公转到一个讲台湾过去白色恐怖时代的二二八事件历史的节目，就不再转了，仍然是默默地看，没有人讲话。现在回想起来，外公不说话，不代表他不跟我说话，他有很多想跟我讲的，就是不知从何聊起，他在看这个纪录片节目时，外婆经过说，不喜欢还要看，说外公就是那时候开始讨厌外省人的。我就知道了，外公不是真的在看那些节目，他是特别转给我看的。”

“虽然同样的历史总是在不停地重复发生，但长辈经过的苦痛，总是不希望下一辈继续承担，再次发生。其实都是我多心了，外公对李品其实一点看法都没有，心里有压力都是我们自己想的，外公就是想让他多了解一点台湾，多了解一点台湾人而已。他说话吃力，面子上也装作不说，其实是很想说这些事。

“比如说我爸我妈，就爱看回忆书。我去问也不说，每次就叨叨，幸好现在是和平年代。要是不说谁还知道珍惜呢。要说这事吧，也是好坏参半，老人说以前的事，无非是怕同样事情发生在儿孙身上，当然这些都是经过积累沉淀的人生智慧，都挺宝贵的，如果能冷静地听完并加以吸收，那将是人生的财富。”

“哎哟！你什么时候变哲学家啦？

“那天我们要走的时候，我开玩笑地跟舅舅说：‘下次我们来说不定你就要升级当舅公了。’讲完才发现时间过得那么快，记得小的时候跟妈妈回台南娘家，那时候舅舅很年轻，外婆也很年轻，外公还是一尾活龙，怎么转眼之间好像一切都变了。当年妈妈要我跟舅公打招呼，舅公是妈妈的舅舅，我一直对那舅公好陌生，但妈妈与他很热络，忽然之间，我就要变成以前妈妈那个角色了，舅舅也要变成舅公了，正是一代过去，一代又来，非要等到自己也在这个位置上了，才懂得上一代的心。”

“这个，看来要总结了是吧！说话跟我一样都深情起来了，那我也说说吧！我记得临走前，要走前一刻，我看到外公突然吃力地站起来，手持拐杖，不稳地一步步走出来，外婆看到之后马上去扶他，他走到面前，慢慢抬起颤抖的手，拍拍我的肩膀，跟我说了一句话，外婆看我听不懂才解释说：‘要对淑全好。’那是外公用尽力气，努力从喉咙发出的一点点声音，是那么虚弱，却那么有力。说完，他转身径自走回屋内，那是好像随时要倒下去的背影，等坐回原位，拐杖随手一丢，继续看他的电视。嘿，真爷们儿。”

“我看看外公，他真的老了，不是以前那个交友广阔、为人海派的外公了，现在只是一位普通老人，就跟那种随处可见、大病过后行动不便的沉默老人一样。这几年妈妈一听到外公身体状况不好，就马上回南部，回娘家的频率反而比以前更高了。妈妈看到外公恐怕心里也是难过的吧！”

“对不起啊！这件事很平淡，一点起承转合都没有。你看过小津安二郎的电影吗，那个下午，就是这么一回事。外公那天仅有的一句话，一直在我耳边，北京，台北，外省人，本省人，台湾人，大陆人。当我仔细琢磨外公的那句话，再想想外公那一代台湾人的经历，自己的身份，于是，我越来越觉得那句话不仅仅是托付，好像还充满了历史的厚重感。”

“你真是标准的北京小孩，什么都能扯到历史的厚重，家常一点像个正常人点行吗？”

“哥们儿生在天子脚下，看惯了红墙绿瓦，自小经受历史的洗礼，幽幽千载文化早已融进了我的身体、我的血液。生活就是历史，历史就是生活，你们，无法理解……哈哈哈！”

金门之恋

四月初，我去了一趟厦门。

这个季节，上海还嫌阴冷，厦门已经接近二十五摄氏度，可以穿短袖，走稍微久一点都会流点汗。

我住在湖滨南路一带，在附近巷子散步时，看到一间卖“台式牛奶雪花冰”的甜品店，好像条件反射一样忍不住吞了口水，就走了进去。

我一直觉得，上海或北京的刨冰，冰刨出来的口感一点都不绵密，甚至有点碎冰的粗，就是不如厦门。以前听过一个说法：厦门的刨冰机器，尤其是台湾人开的店，都是台湾直接送过来的，不仅刨得特别细，还可以像挤花袋一样，刨出不同造型的冰。

普通的刨冰是用白水结冻后下去刨，而雪花冰，这在上海和北京就很难见到了，它是用牛奶结冻后下去刨，刨出来又比一般的刨冰更绵密，冰片是一层层地叠上又不会塌，比起一般的刨冰，又更香浓。

我在这间冰店点了一盘我最爱的花生雪花冰，就是把煮稠的花生仁浓汤淋在雪花冰上，完全就是花生牛奶的口味，如果还嫌不够甜，可以淋一些炼乳。吃完一大盘，仿佛今天甜的额度都满了。

“四号桌杧果牛奶冰！”

我听出这是台湾人特有的口音，其他地方人可能还真分不出厦门人与台湾人讲话的口音不同，可是台湾人一听，就知道只有台湾人会那样说话。

原来那是这间店的老板。

这间店的老板姓曾，叫他曾老板好像把他叫老了，因为他小我五岁。聊了几句才知道，曾老板的老婆是厦门本地人，他们前几年一起开了这间店，生意还不错。

“嘿嘿！你知道我们怎么认识的吗？我当兵时认识的，人家当兵都是‘兵变’，我当兵是把到老婆。”曾老板得意地说。

“其实是我大学的时候，有很多同学去大陆交流访问，回来之后就一直说，大陆的女生都好漂亮，听得我心花怒放，就学他们回来的人上QQ认识大陆女生，哈哈，动机不纯。

“平常我也不敢跟女生说话，怎么知道一上网就好像变了一个人似的，潇洒、健谈又幽默，最多一次跟五六个女生在聊。整天计算机就‘叽叽叽叽’地不停，宿舍里大家都是用MSN，都是‘咚咚咚’的声音，只有我用QQ，是‘叽叽叽叽’。我老婆就是那时候认识的，不过那时候只是‘女网友’而已。我觉得在QQ上好受欢迎，满足了我现实生活中不擅交际的缺憾。

“我的QQ网友遍及大陆各地，最远还有乌鲁木齐的，而我老婆是我的第一个厦门网友。其实我根本也没到过大陆，只知道厦门在台湾对面，同样都是讲闽南语的地方，她发给我照片，我一看，嗯……还挺漂亮的，所以有聊下去的意愿，很现实对吧！

“她比我小两岁，一样在读大学，在厦大读书。我说厦门的小孩怎么好像都不太喜欢离开厦门到外地。因为同样是大学生，人又比较漂亮，所以跟她聊得也比较多，后来有时我们也会通通电话，或者用语音视频。

“其实那时候是一种很暧昧的气氛。我不知道为什么我平常一见女生讲话就结结巴巴，在网上就特别懂得逗女生开心，所以我感觉跟她越来越热络，那关系也一直没有说破，嗯……那是我第一次网恋。

“大学毕业，就要面对兵役问题了。其实我那时候还在想，人家当兵会‘兵变’，我当兵没办法上QQ，照顾不了那么多女生，我看也要跑走不少，这也是我的‘兵变’，不过那也没办法。我入伍前一天晚上跟我老婆——那时候还不是我老婆——道别，说以后没办法那么常上网了。当然啦，不是只跟她一个人道别，是‘一一道别’，哈哈，每个QQ妹都告诉我要好好保重身体，只有我老婆，她说什么你知道吗？她竟然说：‘你可以到金门当兵啊。’我听了简直要无言了，外岛金门耶，大家都不愿意去，她怎么想得那么简单，况且，要不要到金门，除了脑子坏了的人才会自愿外，都要抽中才会去的。

“我就问她：‘为什么要我到金门啊？’她竟然说：‘因为离我比较近。’虽然我那时候心里乐得直开花，不过还是在笑她的傻，就算离她近，我总不可能偷偷跑到厦门吧！敌前逃亡啊！

“结果没想到她一语成谶，我就这么活生生地抽到了‘金马奖’，去金门，简直就是欲哭无泪，我只好再会了我的亲爱故乡台湾。当然啦，我那时候去金门已经好很多了，每隔几个月就有返台假一次，不像更早以前，根本没有返台假，甚至能不能活着回来都不知道。我去金门前有一次放假回家。我怀着悲痛的心情跟她讲了这件事，没想到她一点同情心都没有，哈哈大笑起来，说：‘我们终于在同一边了。’她笑得越开心，我就越沉重，我就想，她到底知不知道状况啊，虽然金门和厦门离得那么近，但也不是说来就来，想得真单纯。

“我还不是在金门当兵，我被丢到大担岛去，大担啊大哥，离岛中的离岛，这想死的心都有了，在大担岛连讲电话，‘中华电信’都会自动跳成中国移动，都变漫游了。在大担岛拿个高倍数望远镜，我都能清楚看到白城沙滩上的泳装美女了，你就知道离大陆多近。对啦！大担就是那个‘三民主义统一中国’那个小岛啦！

“我就想，这小姑娘不会知道我在离她那么近的地方当兵吧！在那个小岛上又闷又无聊，除了站哨就是扫地、剪树叶，没事就只能钓鱼，拿石头丢鸟，尽干些狗屁无聊事，无聊到传说高倍数望远镜上面都会黏黏的。嘿嘿……不知道什么时候开始，上面又下了一条电话命令，就是临海据点见到大陆旅游船，不可以朝他们丢石头。哎哟，怎么可能丢得到啊！反正就说，要‘友善回应’。所以呢，每次有大陆的观光船接近，我们都要挥挥手表示友善。

“本来我跟我老婆只是聊得比较暧昧的‘一般网友’而已，感情急速升温也是在我当兵的这段时间。当兵时总是需要人来安慰，别人可以写信，我总不能写信到厦门吧！要是有一封从厦门寄到大担岛的信，你知道那是什么情况吗？哈哈，搞通敌是吧！不过谁会用那么没效率的方法呀！我总想，有个认识的可爱女生离我那么近，竟然还见不到面，说不上话，心情苦闷，莫名其妙在心理上也越来越依赖她了。

“我常常会到金门洽公，就去找网吧上网看看她在不在，留个言，也寄了信到厦门给她，然后请商家代收。你知道那时候金门寄信到厦门怎么寄的吗？金门邮局先收好信，送到台湾，台湾分好信，送到香港，香港再送到大陆，再送到厦门，走这么一大圈，寄回来是反方向再绕这么一大圈，明明大担岛直线距离厦门也不过十公里而已，莫名其妙啊！想想都要翻桌。后来商家看我常常有厦门寄来的信，就神秘地跟我说，他有办法‘一日送达’，那时候福建沿海与金门、马祖地区直接往来了嘛！不过只有金门籍的才能走这条路线，金门人常常往返厦门。所以我就请他们送，经常下次到金门本岛就能收到信了。

“我有一次返台假在QQ上跟她说，我就在她正对面有‘三民主义统一中国’的那个大担岛上当兵，没想到她发了好几个‘哭哭’的表情过来。她说我没上网她一直都在想我，距离那么近竟然都不能见面，她好伤心。她伤心，我更伤心呢。她就问我，都站哪一班哨，她要搭船来看看我。我听了，是又感动，又笑她笨，我都看不清楚船上游客脸长什么样子，她哪能看得清楚我，况且我也不知道我每天排哪个哨，有什么好看的。

“虽然嘴巴里说不要，身体倒是挺诚实的，就去要求班长给我排下午游船多的临海距点哨。从那时开始，我对每艘游览船挥手都挥得特别热情，还故意耍宝一下，就是希望她如果真的坐船时能看到我。几次之后，我还听到船上的广播说：‘跟岛上的台军弟兄挥挥手，他会做表演给你看哦！’当我动物园的猴子啊。

“我就跟我老婆说，我都是下午两点到四点站在海舺旁的那个哨点，船都会经过旁边。呃……其实这是泄漏军事机密了。她就说她知道了，也没说要干吗。

“结果有一天下午站哨时，有艘游船经过，我听到船上有人用大声公在叫我的名字，我先是愣了一下，怎么会有人叫我，仔细一听，真的是在叫我。我靠，我听那个声音，啊，不是小雨吗？就是我老婆啦！她从船上大叫：‘曾树森，我爱你！’我的妈呀！我就看到底是哪一个在喊的，看不清楚，又听见她大喊好几次‘我爱你’。

“接着，应该是游客吧！把大声公拿过去，用北方口音也开始对着我喊：‘你这姓曾的小子给我听清楚了，你敢辜负这小姑娘，我就派人把这破岛给踏平。’然后就听见众人一阵大笑。

“第一次有人这样赤裸裸地向我示爱，我简直做梦都要笑。我那几天几乎时刻都在笑，弟兄们都说我是裴勇俊附身，一直在笑。但我又很感动，都想跳下海游到船那边了，唉……世界上最远距离，莫过于我的哨点与游船的距离，而我只听见她的声音，却看不到她人啊……咦？我怎么变诗人了，哈哈！

“不过这也给我找了一些小麻烦啦！我们辅导长把我找去问，怎么有人从海上大陆的船上喊我的名字，我就只好装傻，说大概是同名同姓，在船上玩大冒险输了吧。还好辅导长也没追究下去，要不然这种事可大可小，搞大了还有军法审判。

“我那时发现，我的心真的离不开小雨了，我在金门弄到一张中国移动的门号来用，要不然一直用漫游我可受不了，这样就算同个地方的门号了。说也奇怪，用同个地方的门号打电话，感觉就不一样，虽然见不到面，但是心里感觉就好像在同个地方一样。

“小雨说，以后每个星期三和星期六都会坐船来看我，不用找她在船上哪里，只要知道她在看着我就好。每到那个点，船来了，我站哨时心里也很清楚，她就在那里，虽然我只模模糊糊地看见几个像是她的人，但我心里很清楚，她正在那儿看着我，我也在看着她；我跟她挥挥手，我知道她就在那里跟我挥挥手。那一刻，所有在外岛的孤独苦闷，被狗官学长臭干的不爽，通通都不见了。

“在我生日前两天，她说那天晚上要给我个惊喜，要我排九点的哨。我就想，还能有什么惊喜，难不成她要游上来。她要我九点一刻整往白城方向看，时间一到，就看到二十四枚烟火在白城方向的沙滩上空爆开，好灿烂，我二十四岁生日嘛！哈哈，本来厦门放烟火也不是什么特别的事，只是想你在外岛，还有人用这么特别的方式帮你庆祝生日，我在哨上当场就哭了出来。这小姑娘鬼点子特别多，特别会搞浪漫，等下哨后，我传简讯给她说：‘我看到了，谢谢。’然后她传回来说：‘我月光了，以后赔给我。’原来是先透支我的啊，搞到现在我都还赔不完。

“在大担一年多，尽管我们从来都没有见过彼此，但我们就这样，用只有我们才懂的方式在谈恋爱，这一直持续到我退伍。我拿到退伍令那一刻，还真有直接跳下海游到厦门的冲动，啧啧，退伍不先回家看父母，还跑去看女人，真不孝，哈哈！

“回到台湾后我马上就去办了证件，然后经过香港转机到了厦门，我终于见到了小雨。她第一句话竟然是：‘你不穿迷彩服比较帅。’怎么见到面反而变不浪漫了？

“虽然我当兵时天天看大陆，但退伍后才第一次到了天天看的地方，那种感觉好微妙。

“我陪小雨坐了一次金厦海域游船，当船接近大担岛时，我拿望远镜看以前我站的那个哨点，其实也就两个礼拜前站在那里而已啦，哈哈，现在是我认识的学弟在站，学弟正在向船挥挥手，我恶作剧的心一起，就借船上的大声公，朝着岛上大喊：‘学弟！站是不会站好哦！’就看学弟吓得立马站得挺挺的，我跟小雨笑得人仰马翻，其他游客都不知道我们在笑些什么。

“再后来，就是你看到的现在这样啊！我跟小雨结婚生小孩了，她娘家也在附近，我们现在在厦门住，有时候也到台湾住住。两边家人也是来来去去，现在福建沿海与金门、马祖地区直接往来挺方便的，要不图个爽快直飞也可以。

“别人问我们怎么认识的，我们都故意说我当兵的时候认识的，大家都觉得莫名其妙，哈哈！我真觉得台湾跟大陆的距离，不是海峡的距离，是心的距离，海峡可以很远，但是心可以非常非常近……”